D1603758

El misterio
del Holocausto revelado

Rabí Aharón Shlezinger

El misterio
del Holocausto revelado

Revelaciones sobre el genocidio

EDICIONES OBELISCO

Si este libro le ha interesado y desea que le mantengamos informado
de nuestras publicaciones, escríbanos indicándonos qué temas son de su interés
(Astrología, Autoayuda, Ciencias Ocultas, Artes Marciales, Naturismo,
Espiritualidad, Tradición…) y gustosamente le complaceremos.

Puede consultar nuestro catálogo en www.edicionesobelisco.com

Colección Cábala y judaísmo
EL MISTERIO DEL HOLOCAUSTO REVELADO
Rabí Aharón Shlezinger

1.ª edición: junio 2013

Corrección: *M.ª Jesús Rodríguez*
Maquetación: *Montse Martín*
Diseño de cubierta: *Enrique Iborra*

© 2013, Aharón Shlezinger
(Reservados todos los derechos)
© 2013, Ediciones Obelisco, S. L.
(Reservados los derechos para la presente edición)

Edita: Ediciones Obelisco S. L.
Pere IV, 78 (Edif. Pedro IV) 3.ª, planta, 5.ª puerta
08005 Barcelona - España
Tel. 93 309 85 25 - Fax 93 309 85 23
E-mail: info@edicionesobelisco.com

Paracas, 59 C1275AFA Buenos Aires - Argentina
Tel. (541-14) 305 06 33 - Fax: (541-14) 304 78 20

ISBN: 978-84-9777-959-3
Depósito Legal: B-11.616-2013

Printed in Spain

Impreso en España en los talleres gráficos de Romanyà/Valls S.A.
Verdaguer, 1 - 08786 Capellades (Barcelona)

PRÓLOGO

El Holocausto nazi dejó una marca imborrable que trascendió todos los tiempos. Incluso en la actualidad, siete décadas después, se habla del tema como si hubiese ocurrido recientemente. Sigue presente en las mentes, los corazones y las conversaciones de las personas con una vigencia asombrosa. ¿Quién no ha oído hablar de los guetos de Varsovia y Minsk? ¿Quién desconoce lo ocurrido en los campos de exterminio de Auschwitz y Treblinka? ¿Quién no está enterado de que los judíos eran confinados a los guetos y los nazis les confiscaban sus pertenencias, privándoles de libertad y prohibiéndoles el acceso a las necesidades más elementales? Es difícil hallar a alguien al que este tema le sea ajeno.

EL HORROR DE LOS GUETOS

Los guetos eran instalados en zonas donde imperaba la indigencia, y en muchos casos estaban rodeados por muros o alambradas. De ese modo aislaban completamente a los judíos de las demás personas y del mundo exterior.

Los que vivían en los guetos se hallaban en condiciones espantosas. Había una gran aglomeración y el lugar no se desinfectaba ni se limpiaba. Faltaban los medicamentos básicos y los alimentos; el hambre era intensa, prácticamente inso-portable. Quienes habían entrado con un peso de entre 70 y 80 kilos, terminaron pesando 29 kilos. Su alimento diario consistía en una galleta dura y magra. Ésa era toda su comida, y tal eran la desesperación y la paranoia, que a raíz del caos, las personas reñían entre ellas, y en algunos casos hasta se queda-ban sin la galleta recibida. También les faltaba el agua, y mu-chos se vieron obligados a beber sus propias micciones.

CONDICIONES DE VIDA DESALMADAS

Los seres humanos que moraban en los guetos estaban débi-les y muchos de ellos, enfermos. La escasez de medicamentos provocaba que se propagaran graves epidemias que los debili-taban más aún. Como consecuencia de todo ello, la cantidad de muertes fue enorme.

Los trabajos forzados a los que eran sometidos en las largas jornadas y condiciones inhumanas terminaban con ellos. En-fermos, débiles y hambrientos, no tenían consuelo ni reposo. Exterminios masivos, asesinatos y vejámenes. Todo era allí ho-rror y espanto.

EL RECUERDO VIVO

Hoy en día el Holocausto se recuerda con una nitidez absolu-ta, como si se tratara de un hecho actual. Se han escrito innu-merables libros y se siguen escribiendo, también se han rodado muchos documentales y filmes, con los que se ha demostra-do que el Holocausto no es un mero recuerdo, sino un tema vivo y ardiente. Aún muchas personas se preguntan por qué, y otras se cuestionan dónde estaba Dios durante el Holocausto.

Sin lugar a dudas, éstas son preguntas duras e implacables. Indiscutiblemente, las consecuencias del Holocausto afectaron a la generación de aquella época, a las siguientes y también a la nuestra. Y si bien es cierto que hubo muchos hechos destacados a lo largo de la historia, de ninguno se habla tanto como de éste. El Holocausto se considera uno de los acontecimientos más terribles ocurridos en nuestro planeta. Los diarios de todo el mundo publican continuamente notas concernientes a esta cuestión. Es como si en la actualidad todo girara alrededor de ese asunto. Podría decirse que entender el Holocausto es entender la cosmovisión de la realidad.

¿A quién se le ocurriría suponer que el mundo sería igual si el Holocausto no hubiese existido? Ciertamente, todo sería muy diferente. El Holocausto cambió la historia y modificó el estilo de vida de toda la humanidad.

En la presente obra analizaremos y descubriremos los misterios del Holocausto. Revelaremos lo oculto e insondable del genocidio más terrible que jamás haya existido. Hurgaremos minuciosamente en la historia y en los libros de la Cábala, el Talmud y el Midrash, donde se encuentran las llaves que abren los cerrojos de todos los misterios.

Y después de revelar por qué sucedió, y cuáles fueron las causas que lo provocaron, observaremos cómo se puede evitar un nuevo genocidio.

Escribí *El misterio del Holocausto revelado* para que se conozca el verdadero origen del genocidio, y para que se sepa cómo evitar una nueva masacre. Pues los seres humanos tienen la capacidad de aprender del pasado y solucionar el futuro, sólo se necesita preparación adecuada, intención correcta, y dedicación.

I

LA PRIMERA LUZ

Los sabios enseñaron que todo está oculto en la Torá, pues la Torá es el plano con que El Santo, Bendito Sea, creó el mundo, como fue enseñado: cuando El Santo, Bendito Sea, creó el mundo, observó en la Torá y creó el mundo. Y dos mil años antes de crear el mundo, El Santo, Bendito Sea, creó la Torá. Cuando quiso crear el mundo, observó cada palabra de la Torá, y en correspondencia con la misma hizo una obra específica.

Resulta que todo lo que fue creado por El Santo, Bendito Sea, está enraizado en la Torá que Él creó previamente, y a partir de ahí cada ente se proyectó hacia el exterior. Por eso cuando El Santo, Bendito Sea, creó el mundo observaba en la Torá y lo creaba (II Zohar 161a).

LA LUZ DEL CONOCIMIENTO

Muchos de esos misterios de la Torá son ocultos y recónditos, pero pueden ser comprendidos a través del estudio del Talmud, el Midrash y la Cábala. Es decir, a través del estudio se puede revelar la luz de la Torá.

Y, ¿qué es la luz de la Torá? La luz de todos los conocimientos. Como está escrito: «En el comienzo Dios creó los Cielos y la Tierra. Y la Tierra estaba informe y vacía, con oscuridad sobre la superficie del abismo, y la Presencia Divina sobrevolaba sobre la superficie de las aguas. Dijo Dios: ¡Que haya luz! Y hubo luz. Dios vio que la luz era buena, y Dios separó la luz de la oscuridad. Dios llamó a la luz Día y a la oscuridad la llamó Noche; y fue tarde, y fue mañana, un día» (Génesis 1:5).

Esa primera luz que fue creada por Dios y después separada por Él mismo, ¿cuál fue la finalidad? ¿Por qué no la dejó intacta, como al comienzo? La respuesta la hallamos en el Midrash: «Dios vio que no era apropiada para que la utilizaran los hombres injustos, y la separó para los justos en el futuro por venir».

Esto significa que Dios se proyectó en el tiempo y vio lo que ocurriría con esa luz en el futuro. Pues cuando esa luz primordial fue creada, aún no había hombres sobre la Tierra. Por eso la guardó y la reservó para los justos en la posteridad.

Ahora bien, ¿qué mal causaría esa luz en caso de que la utilizaran los malvados, tal como se dijo, ya que ésa fue la causa de su ocultamiento?

La respuesta es la siguiente: esa luz era muy poderosa y permitía ver incluso a distancia. Se la comparó con el paradigma de una casa llena de grandes lámparas. A través de las mismas el lugar estará muy bien iluminado, y quienes se encuentren allí podrán observar perfectamente en todas las direcciones sin perderse ningún detalle.

Con la luz primordial sucedía algo similar, pues permitía verlo todo sin perderse ningún detalle, ya que a través de la misma se podía observar desde un confín del mundo al otro. Y no sólo lo tangible y palpable, sino también aquello que fuera intangible, imposible de percibir por los ojos. Pues esa luz era extremadamente pura y refinada, e irradiaba un majestuoso resplandor de sabiduría. A través del mismo era posible aprehender el conocimiento y saber lo que se estaba haciendo en los lugares más recónditos del mundo. Pero dado que había personas malas, como las de la generación del Diluvio y las de la generación de la División –los que construyeron la Torre de Babel–, y no eran merecedoras de tener provecho de esa luz, por tal razón, El Santo, Bendito Sea, la ocultó para los justos (Ialkut Meam Loez; Zohar).

LA CLAVE PARA DESCIFRAR LOS SECRETOS

Se aprecia que la luz primordial permitía ver incluso lo inaprensible, los conocimientos. A través de la misma se podrían descifrar las claves de los sistemas computarizados y digitalizados más complejos de los que se dispone en la actualidad, pudiéndose hacer así mucho mal.

Ahora bien, El Eterno, ¿dónde guardó esa luz? En la Torá (I Zohar 47a). Y aunque está guardada y oculta, aún en la actualidad todo existe y se mantiene por esa luz, como fue enseñado: está escrito: «Dijo Dios: ¡Que haya luz! Y hubo luz» (Génesis 1:3). Dijo Rabí Iosei: a esa luz del primer día, El Santo, Bendito Sea, la guardó, y está preparada para los justos en el Mundo Venidero, como fue estudiado por los sabios (*véase* Talmud, Tratado de Jaguigá 12a). Como está escrito: «La luz está sembrada –guardada– para el justo» (Salmos 97:11).

Se aprecia que está escrito «para el justo», sin especificar. Es decir, se refiere al alma de cada justo, en el Mundo Venidero. Y esa luz no estuvo activa en el mundo más que el primer día. Y después fue guardada y no estuvo más activa.

Rabí Iehuda dijo: si la primera luz no hubiera sido guardada de todos y de todo, el mundo no existiría siquiera por un instante. Por esa razón, El Santo, Bendito Sea no la dejó en la situación en la que se hallaba al comienzo de la creación, sino que la guardó y la sembró, como esa semilla que al sembrarla produce descendencia, semillas y frutos. Y a raíz de esa luz, se mantiene el mundo. Y no hay día en que no salga la irradiación de ella al mundo para otorgarle energía vivificadora, pues a través de ella, El Santo, Bendito Sea, sustenta el mundo.

Y en todo lugar en que los Hijos de Israel se esfuerzan en la Torá por la noche sale una hebra de esa luz guardada, que está asociada al misterio de la «hebra de bondad». Y esa hebra se proyecta sobre esos individuos que se esfuerzan en el estudio de la Torá. Y los estudiosos de la Torá se coronan con esa hebra y disfrutan de los beneficios que les proporciona todo el día. A esto se refiere lo que está escrito: «Pero de día mandará El Eterno su bondad, y de noche su cántico estará conmigo, y mi oración al Dios de mi vida» (Salmos 42:9). ¿Cuál es la razón por la que El Eterno mandará su bondad, enviando una hebra de bondad? Porque de noche, «su cántico está conmigo».

Se deduce de esta declaración que todo aquel que se ocupa de la Torá de noche, El Santo, Bendito Sea, proyecta sobre él una hebra de bondad, es decir, un hálito de bondad, durante el día (*véase* Tratado talmúdico de Avodá Zará 3b) (II Zohar 148b-149a).

Resulta que la Torá contiene la información de lo que sucedería en el mundo desde el comienzo hasta el final. Y quienes se esfuerzan en la Torá incluso por la noche, y por supuesto también los que lo hacen de día, captan la irradiación de esa luz primordial oculta en la Torá.

EL RECORRIDO DEL TIEMPO

Toda la historia está allí guardada, con todos los detalles, también el misterio del Holocausto. Y para comprenderlo, debemos conocer en primer lugar los tiempos del mundo, pues el Holocausto ocurrió en un tiempo determinado y específico.

En el Talmud se enseñó: dijo Rav Ketina: el mundo existirá seis mil años –en el estado en que se encuentra– (Talmud, Tratado de Rosh Hashaná 31a). Y también fue enseñado: en la Academia de Elías se estudió: en los 6.000 años de existencia del mundo habrá 2.000 años de caos, 2.000 años de Torá y 2.000 años correspondientes a los días mesiánicos (Talmud, Tratado de Sanhedrín 97a).

Esta división talmúdica de los tiempos se cumplió perfectamente, y en la actualidad nos hallamos en el final del tercer período, que se denomina «la era de los talones mesiánicos» (*véase* Talmud, Tratado de Sotá 49b). Y el Holocausto ocurrió en ese período.

II

VISIÓN CABALÍSTICA
DE LA EVOLUCIÓN MUNDIAL

En el libro Zohar aparece un importante estudio vinculado con la evolución del mundo. Rabí Iehuda abrió su disertación citando el versículo que declara: «Es tiempo de actuar por El Eterno, porque han anulado Tu Ley –Torá–» (Salmos 119:126). La expresión, «es tiempo», alude a la Presencia Divina.

Esta revelación genera una pregunta clave: ¿Y por qué la Presencia Divina es denominada precisamente así: «tiempo»?

La respuesta es ésta: se la denomina de ese modo porque posee en su esencia un tiempo definido para todo acontecimiento que ocurrirá debajo de los Cielos. Es decir, posee un tiempo específico y definido para aproximarse a El Santo, Bendito Sea,[1] y unírsele definitivamente. Ya que la Presencia

---

1. En los escritos sagrados muchas veces se incluyen elementos abstractos con el fin de permitir al raciocinio humano percibir las enseñanzas más elevadas, que superan el poder de captación mental ordinario. Como está escrito: «Recordad este día en que salisteis de Egipto, de la casa de la esclavitud, pues con mano fuerte El Eterno os sacó de aquí» (Éxodo 13:3). Pero eso no significa que El Eterno tenga mano, ya que Él es espiritual e ilimitado, sin delimitaciones de ningún tipo (Maimónides: *Iesodei HaTora* 1:9). Y en el caso mencionado en el Zohar, se menciona la Presencia Divina y El Santo, Bendito Sea, que son revelaciones correspondientes con el misterio de dos letras del Tetragrama, la letra *vav* y la letra *he* que aparecen al final

Divina se fue al exilio con los Hijos de Israel, cuando éstos fueron exiliados de su Tierra, y está con ellos en el exilio, separada de El Santo, Bendito Sea. Y cuando la Presencia Divina se aproxime a El Santo, Bendito Sea, será el momento propicio para que venga el Mesías y se produzca la Redención Final.

LA PROGRESIÓN DEL TIEMPO

Hemos apreciado que está escrito: «Es tiempo de actuar por El Eterno». Esto significa que la persona dispone del poder para rectificar ese tiempo, y provocar que la Presencia Divina se una a El Santo, Bendito Sea.

Ahora bien, ¿por qué es necesario realizar esa rectificación? La respuesta es ésta: «porque han anulado Tu Torá». Ya que existen personas que anulan la Torá y provocan la separación entre la Presencia Divina y El Santo, Bendito Sea. Pues si no hubiesen anulado Tu Torá, estarían unidos y no habría separación entre El Santo, Bendito Sea, e Israel jamás. Ya que la unión entre El Santo, Bendito Sea, e Israel está asociada al misterio de la unión de la Presencia Divina, con El Santo, Bendito Sea.

UNA PROFECÍA CONMOVEDORA

Rabí Iosei se refirió al asunto y dijo: al respecto está escrito en el libro del profeta Isaías: «Levántate, irradia luminosidad, porque ha venido tu luz; y la gloria de El Eterno resplandece

---

de ese Nombre, y para comprender mejor el asunto se compara esas revelaciones con un hombre y su mujer. Es decir, se compara la revelación de El Eterno denominada El Santo, Bendito Sea, con un hombre, y la revelación denominada Presencia Divina, con su mujer.

sobre ti. Porque he aquí que las tinieblas cubrirán la Tierra, y la oscuridad a las naciones; mas sobre ti resplandecerá El Eterno, y sobre ti será vista su gloria. Y las naciones se dirigirán a tu luz, y los reyes al resplandor de tu fulgor […] El Sol no te será nunca más por luz para el día, ni el resplandor de la Luna te alumbrará; sino que El Eterno te será por luz perpetua, y tu Dios te será por esplendor. No se pondrá más tu Sol, ni menguará tu Luna; porque El Eterno te será por luz perpetua, y los días de tu luto acabarán. Y los de tu pueblo, todos ellos serán justos, para siempre heredarán la Tierra; renuevos de mi plantío, obra de mis manos, para enaltecerme. El pequeño vendrá a ser mil, el joven, un pueblo poderoso. Yo, El Eterno, a su tiempo haré que esto sea cumplido pronto» (Isaías 60:1-22).

LA MÍSTICA DE LA PROFECÍA

Apreciamos en el final de esta conmovedora profecía la expresión: «a su tiempo», en referencia a la era mesiánica. De aquí surge una pregunta clave: ¿y qué significa «a su tiempo»?

Para comprenderlo observemos esta expresión tal como está escrita en el original hebreo:

בעתה

Esta expresión se lee así: *beitá*, pero puede leerse también de este modo: *be et he*.

ב–עת–ה

Be et he, significa: «en el momento en que –la letra– *he*».

La letra *he* alude a la Presencia Divina. Pues tal como enseñaron los sabios cabalistas, el Tetragrama se escribe con las letras hebreas: *iud–he–vav–he*. Y las dos últimas letras aluden a la Presencia Divina, y a El Santo, Bendito Sea. Pues la letra *vav,* del Tetragrama, alude a El Santo, Bendito Sea, y la última letra del Tetragrama, *he,* alude a la Presencia Divina.[2]

Por lo tanto, en la profecía mencionada se indica que cuando la Presencia Divina se levante del polvo del exilio, y se una a El Santo, Bendito Sea, entonces: «Haré que esto sea cumplido pronto».

Surge de ahí que la letra *he* se unirá a la letra *vav* pronto, y se producirá la Redención Final por anticipado.

UNA DEMORA CON ESPERANZAS RENOVADAS

Rabí Iosei enseñó, además, que si la Redención Final se demora hasta el final del tiempo establecido en el que la letra *he* se levantará del polvo, de todos modos habéis de considerar que un solo día estará en esa situación. Pues la letra *he,* que se vincula con el misterio de la Presencia Divina, estará sólo un día de El Santo, Bendito Sea, en el polvo, y no más. Y un día de El Santo, Bendito Sea, equivale a mil años nuestros, como está escrito: «Porque mil años son ante Tus ojos como el día de ayer que ya pasó» (Salmos 90:4).

LA SEPARACIÓN DE LAS LETRAS

Rabí Iehuda le dijo a Rabí Iosei: Lo que has dicho no es una novedad, pues los sabios ya han deducido esto; aunque yo he

---

2.

he	*vav*	*he*	*iud*
ה	ו	ה	י
Presencia Divina	El Santo, Bendito Sea		

Las demás letras del Tetragrama aluden a otras revelaciones de El Eterno, más supremas (*véase* Zohar Rut).

escuchado una enseñanza profunda acerca de este tema. Ven y observa: cuando la Presencia Divina, que se manifiesta en la congregación de Israel, fue exiliada de su Tierra, al ser destruido el Templo Sagrado, en ese momento, parte de las letras del Tetragrama se separaron. Pues la letra *he,* que se vincula con el misterio de la Presencia Divina, se separó de la letra *vav,* que se vincula con el misterio de El Santo, Bendito Sea.

Ahora bien, dado que la letra *he* se separó de la letra *vav,* ¿qué está escrito al respecto? Está escrito: «Enmudecí con silencio, me callé aun respecto de lo bueno, y mi dolor se intensificó» (Salmos 39:3).

Estas palabras fueron pronunciadas por la Presencia Divina. Y, ¿por qué enmudeció con silencio? Porque la letra *vav* se apartó de la letra *he.* Entonces no estaba presente la voz de El Santo, Bendito Sea, para despertar a la Presencia Divina, o sea, la letra *he.* Siendo así, la Presencia Divina, que representa el misterio del habla, enmudeció. Y a causa de esa separación, ella estará dormida en el polvo del exilio todo ese día de El Santo, Bendito Sea.

Ahora bien, ¿cuándo será ese día? La respuesta es ésta: todo el quinto milenio.

DEFINICIÓN DEL PERÍODO QUE ABARCARÁ EL QUINTO MILENIO

Ese milenio en que la Presencia Divina estará dormida en el polvo del exilio debe estar completo. Y la Presencia Divina se fue al exilio en el año 172 del cuarto milenio. Ya que el Templo Sagrado fue destruido en el año 172 desde el inicio del cuarto milenio. Por lo tanto, ese milenio no transcurrió completo mientras la Congregación de Israel se encontraba en el exilio. Y como dijimos, la Congregación de Israel está asociada al misterio de la Presencia Divina. Por eso, ese tiempo de 1.000 años de exilio debe considerarse cumplido en el quinto milenio, el cual transcurrió íntegramente en tiempos de exilio.

Por lo tanto, a partir de entonces, después de la finalización del quinto milenio, comienza el tiempo propicio para la Redención Final. Y al dar inicio el sexto milenio, comienza a irradiar luz la letra *vav* del Tetragrama. Entonces, a través de esa irradiación de El Santo, Bendito Sea, la Presencia Divina se despertará y levantará del polvo del exilio.

Esto ocurrirá cuando se cumpla el proceso de seis veces diez años, que equivale a sesenta años, del sexto milenio. Pues durante sesenta años, la letra *vav* asciende a lo Alto y recibe nuevas irradiaciones de luminosidad. Y al cabo de sesenta años, cuando se completa, desciende para otorgar la influencia de esas irradiaciones de luminosidad a la letra *he* del Tetragrama (I Zohar 117a).

EL CICLO DE SESENTA AÑOS

Resulta que en el año 5060, según el calendario hebreo, la letra *vav* del Tetragrama, que está asociada al misterio de El Santo, Bendito Sea, se completará y despertará a la letra *he* del Tetragrama, que está asociada al misterio de la Presencia Divina, y la fortalecerá.

Este período de sesenta años es cíclico, por lo que en cada período de sesenta años, del sexto milenio, la letra *he* se fortalecerá a través de la letra *vav*, adquiriendo el poder necesario para levantarse y recibir fortificación con el fin de generar la Redención Final. Y cuando se completa el ciclo, si los Hijos de Israel lo merecen, serán redimidos inmediatamente.

EL PRONÓSTICO EXACTO

Sin embargo, si hasta el año 5600, cuando culmina el décimo ciclo cósmico de la fortificación de la letra *vav* con respecto a la letra *he,* aún no ha llegado el Mesías, acontecerá un suceso extraordinario, pues en la sexta centuria del sexto milenio, las fuentes de la sabiduría del Cielo se abrirán y también los manantiales de sabiduría de la Tierra.

En ese tiempo se descubrirán los grandes misterios de la Cábala y aumentará el saber en la Tierra. Entonces el mundo se rectificará a través del estudio de los misterios ocultos de la Torá. Esto se asemejará a la preparación de la persona en la víspera del Día de Reposo —*Shabat*—, con la caída de la tarde, para entrar al *Shabat* debidamente preparado. Así serán los preparativos para entrar en el séptimo milenio, que será un Día de Reposo —*Shabat*— absoluto (I Zohar 117a, Mefarshei Hazohar).

LA SEXTA CENTURIA

Hemos dicho que en la sexta centuria del sexto milenio, las fuentes de la sabiduría del Cielo se abrirán y también los manantiales de sabiduría de la Tierra. Esa fecha señalada se corresponde con el sexto siglo del sexto milenio; o sea, a partir del año 5600 del calendario hebreo. Y como ahora está en curso el año 5773 del calendario hebreo, resulta que esa fecha comenzó hace 173 años, es decir, en el año 1840 del calendario común.

Esta fecha, deducida a partir del proceso interno de las letras del Tetragrama, señala el siglo en el que la Cábala sería difundida y estudiada masivamente, pues tal como se dijo, en esa fecha las fuentes de la sabiduría del Cielo serían abiertas. Y también ocurrió en ese mismo siglo que los manantiales de sabiduría de la Tierra se abrieron, tal lo indicado, ya que se produjo el auge industrial más importante de toda la historia, y a ese período se le denominó la Era de la Revolución Industrial.

III

LA REVOLUCIÓN DEL SABER

Al revisar la historia apreciamos que, durante siglos, numerosos aspectos de la ciencia estuvieron dormidos pese a que se contaban con los elementos necesarios para llevar a cabo progresos notables. Por ejemplo, en el área de la aviación, hasta el siglo XIX no se consiguió desarrollar un prototipo idóneo que pudiera realizar un vuelo con éxito. En la década de 1840, el inventor británico John Stringfellow junto al ingeniero William Samuel Henson construyeron un modelo de avión a vapor que hicieron volar algunos metros, con lo que se consiguió el primer vuelo oficial de un aparato más pesado que el aire.

La razón por la cual este invento, y todos los demás que se desarrollaron durante la Revolución Industrial, surgió a partir de esa fecha es que fue entonces cuando se abrieron las fuentes de la sabiduría del Cielo y los manantiales de sabiduría de la Tierra. A partir de ese momento, el mundo experimentó una aceleración inusual y vertiginosa.

Los inventos y descubrimientos que siguieron a esa fecha fueron innumerables. Uno de los que revolucionó el mundo y cambió por completo la calidad de vida fue el automóvil. Se abrieron numerosas fábricas y el mundo se llenó de vehículos a motor, lo que provocó una verdadera revolución en las formas de transporte, dejándose atrás la tracción animal que durante siglos había sido el único medio de transporte disponible.

También el mundo de las comunicaciones experimentó una revolución en esa era con el invento del telégrafo y el teléfono. Gracias a esos medios, el hombre podía comunicarse a grandes distancias, incluso a través de los mares mediante los cables submarinos. Aunque existía una dificultad: las comunicaciones eran posibles únicamente entre los puntos que unían los cables tendidos. Aún no se podían comunicar los barcos, los vehículos y las zonas rurales o de escasa población. Entonces se inventó el receptor de radio, que solucionó todos esos inconvenientes.

LAS GUERRAS MUNDIALES

En esa centuria se produjeron también las dos guerras mundiales. La Primera Guerra Mundial tuvo lugar entre 1914 y 1918 y hubo más de 10 millones de muertos. La Segunda Guerra Mundial se considera el conflicto armado más dramático y sangriento de la historia. Dicha guerra tuvo lugar al final de esa centuria: comenzó en 1939 y finalizó en 1945. En esa época se produjo el Holocausto.

En la Primera Guerra, y mucho más aún en la Segunda, se produjo un enorme cambio en el terreno militar gracias a los grandes descubrimientos y los avances tecnológicos. Por ejemplo, si las trincheras habían caracterizado a las guerras del pasado, igual que sucedió en la Primera Guerra, en la Segunda Guerra las trincheras fueron reemplazadas por ataques efectuados con un armamento sofisticado y un moderno equipo de transporte. En la Segunda Guerra Mundial fueron utilizados, asimismo, elementos de gran poder destructivo: predominaron los aviones, tanques y vehículos terrestres. Esas formas de transporte avanzaban sobre las ciudades causando una destrucción devastadora. Además, también se contaba con bombas y misiles de largo alcance.

Finalmente, entró en el campo de batalla un nuevo invento: la bomba atómica, que puso fin a la guerra, pero a su vez llenó de temor al mundo por su enorme poder destructivo. Por esta razón también en aquella época se comenzó a hablar de paz y desarme.

IV

LA ERA DE LOS TALONES DEL MESÍAS

Ya hemos visto los hechos históricos más relevantes ocurridos desde 1840 hasta el final de la Segunda Guerra Mundial, época histórica en la que el desarrollo científico tuvo un gran protagonismo. Y esa época coincidente con el final de la centuria mencionada se correspondería con la denominada «Era de los Talones del Mesías» (*véase* Ikveta Demeshija: *los Talones del Mesías II*).

ANUNCIOS INCONFUNDIBLES

Las numerosas profecías que se cumplieron por entonces indicaban que se trataba de esa era, y conocerlas es fundamental para entender el Holocausto.

Veamos: en el Talmud está escrito que en la época de los Talones del Mesías sobrevendrán aflicciones muy duras, que fueron comparadas con los dolores que soporta una mujer embarazada momentos antes de dar a luz.

En el Tratado de Sanhedrín se menciona lo que está escrito en el libro del profeta Amós: «En aquel día yo levantaré la Tienda caída de David» (Amós 9:11). Rabí Iojanán explicó esta profecía del siguiente modo: en el futuro los eruditos serán disminuidos –es decir, morirán, para no soportar los dolores previos al parto–, y por lo que respecta a las demás personas, sus ojos desfallecerán de abatimiento y desasosiego. Además, numerosas aflicciones y severos decretos se renovarán permanentemente en el mundo; antes de acabarse el efecto de la primera consternación, ya acontecerá la próxima (Talmud, tratado de Sanhedrín 96b).

UN SUCESO QUE AFECTARÁ EL BOLSILLO

En el mismo tratado se menciona también este anuncio: está escrito: «Cuando El Eterno haya juzgado a su pueblo, se enternecerá con sus servidores, cuando vea que el poder del enemigo progresa, y a nadie salvan ni ayudan» (Deuteronomio 32:36). Este versículo encierra varias señales proféticas respecto a la época previa a la llegada del Mesías. Al revisar el original hebreo, se observa que esta cita indica tres sucesos fundamentales: en ese tiempo aumentarán los entregadores, disminuirán los estudiosos y se acabará el dinero del bolsillo (Talmud, Tratado de Sanhedrín 97a).

Esta última deducción revela claramente que en la época de los Talones del Mesías habrá una crisis financiera mundial. Y no sólo eso, sino que la profecía va más allá y manifiesta abiertamente que en esa época se producirá la globalización mundial de los mercados.

LA RESTAURACIÓN DE LA CIUDAD

Observad lo que está escrito en la profecía de Zacarías respecto a la futura restauración de Jerusalén, tanto en la era del Segundo Templo Sagrado, como en la definitiva, la Era Mesiánica: «Vino a mí palabra de El Eterno de los ejércitos, diciendo: así ha dicho El Eterno de los ejércitos: celé a Sión con gran celo, y con gran ira la celé. Así ha dicho El Eterno:

he regresado a Sión, y moraré en medio de Jerusalén; y Jerusalén se llamará Ciudad de la Verdad, y el monte de El Eterno de los ejércitos, Monte Sagrado. Así ha dicho El Eterno de los ejércitos: aún han de morar ancianos y ancianas en las calles de Jerusalén, cada cual con un bastón en su mano por sus muchos días. Y las calles de la ciudad estarán llenas de niños y niñas; ellos estarán alegres en sus calles. Así ha dicho El Eterno de los ejércitos: si esto parecerá maravilloso a los ojos del remanente de este pueblo en aquellos días, también será maravilloso delante de mis ojos, dice El Eterno de los ejércitos» (Zacarías 8:1-6).

En el tratado talmúdico de Sucá se explica que la razón de esta sorprendente y maravillosa manifestación será la eliminación del mal instinto y por los hombres que lo vencieron mientras estuvo presente en el mundo e instaba a las personas a pecar; pero ellos, sobreponiéndose al mal y haciendo el bien, lo derrotaron.

La profecía sigue de este modo: «Así ha dicho El Eterno de los ejércitos: he aquí, Yo salvo a mi pueblo de la tierra del oriente, y de la tierra donde se pone el Sol; y los traeré, y habitarán en medio de Jerusalén; y me serán por pueblo, y Yo seré a ellos por Dios, con verdad y justicia. Así ha dicho El Eterno de los ejércitos: esfuércense vuestras manos, los que oís en estos días estas palabras de la boca de los profetas, desde el día que se echó el cimiento a la casa de El Eterno de los ejércitos, para edificar el Templo. Porque antes de estos días no habrá paga de hombre ni paga de animal, y no habrá paz para el que sale y el que entra, a causa del enemigo; y Yo lanzaré a todos los hombres cada cual contra su compañero» (Zacarías 8:7-10).

DESPIDOS Y FALTA DE TRABAJO

Este pasaje profético revela que «no habrá paga de hombre ni paga de animal» porque faltará el trabajo, ya que no habrá bendición en la tierra. Por eso no se contratará personal, y los trabajadores quedarán en el paro; y tampoco los animales –los capitales– producirán ganancias, pues los dueños deberán invertir la totalidad de su valor en mantenerlos y alimentarlos, entonces, cuando deseen venderlos, no les aportarán beneficios. Tal como fue profetizado para la época previa a la llegada del Mesías: «se acabará el dinero del bolsillo» (Tratado de Sanhedrín 97a) (*véase* Radak, Iven Ezra, Metzudat, Malbim en Zacarías 8:10).

LA PAZ TRASTOCADA

Además se dijo en la profecía citada: «Y no habrá paz para el que sale y el que entra, a causa del enemigo». Rav dijo que esto incluirá a los eruditos estudiosos de la Torá, quienes de acuerdo con la lógica deberían salir y entrar en paz, como está dicho: «Tienen mucha paz los que aman tu Torá, y no hay para ellos tropiezo» (Salmos 119:165), pero ahora no habrá paz ni siquiera para ellos.

Shmúel dijo: «No habrá paz porque los precios estarán igualados» (Talmud, Tratado de Sanhedrín 98a). Es decir, los comerciantes que emprenden viajes a lugares lejanos para conseguir mercaderías a mejor precio, y venderla también en lugares apartados con el fin de obtener una buena diferencia, no encontrarán ninguna oportunidad. Pues no habrá grandes diferencias de precios, ya que todo estará globalizado (*véase* Talmud, Tratado de Sanhedrín 98a, Ben Iehioiadá, ibíd.). Además, habrá una gran inseguridad en las calles, por lo que será complicado salir y entrar para realizar operaciones comerciales (*véase* Malbim a Zacarías 8:10).

Resulta que la época de los Talones del Mesías se asocia a un período de crisis financiera mundial, globalización e inseguridad en las calles. Todo esto está profetizado en la Biblia y enraizado en el Tetragrama.

V

EL ORIGEN DE LOS PADECIMIENTOS

Es evidente que las profecías citadas coinciden perfectamente con la era en la que vivimos y también están vinculadas con el Holocausto. Veamos: se sabe que las señales profetizadas en relación con los flagelos que angustiarán al mundo antes de la venida del Mesías tienen como objetivo seducir a las personas para que se rectifiquen, como ocurre con las enfermedades, ya que desde el momento en que el Santo, Bendito Sea, había creado el mundo, la persona que enfermaba no podía curarse. Esto fue así hasta la época del rey Ezequías, rey de Judá. Él, advirtiendo lo que sucedía, pensó que la persona debía tener una oportunidad de rectificarse y enmendar su camino, por eso dijo:

—Amo del universo, sea tu voluntad que la persona sane de su enfermedad, baje de la cama en la que permaneció postrado, y alabe y agradezca ante Ti todos los días de su vida.

El Santo, Bendito Sea, dijo:

—Es propicio otorgar este fenómeno a través de este hombre justo.

Y así aconteció, como está escrito: «Escritura de Ezequías rey de Judá, de cuando enfermó y sanó de su enfermedad» (Isaías 38:9) (Reshit Jojmá; *véase Enigmas y misterios del Talmud y la Cábala*, pág. 8).

Resulta que las enfermedades son temporales, y lo mismo ocurre con todas las duras señales enunciadas para los últimos tiempos. Por lo tanto, si los seres humanos lograran rectificar y enmendaran la causa que produce los flagelos, las señales proféticas citadas pasarían a un plano secundario, y gracias a ello se abriría inmediatamente la puerta de la Redención Final.

LA PREDICCIÓN DE UNA HECATOMBE

Lo dicho sigue a una muy importante revelación talmúdica mencionada por Rabí Eliezer, quien enseñó: «Si los Hijos de Israel se rectifican, serán redimidos; y si no, no serán redimidos».

Rabí Iehoshúa escuchó esta revelación y le dijo a Rabí Eliezer: «Si los Hijos de Israel no se rectifican, no serán redimidos –mientras permanezcan sin rectificarse–, pero esto no será definitivo, pues si eso ocurre, El Santo, Bendito Sea, hará que se levante un rey cuyos decretos serán tan duros como los de Hamán. Como consecuencia de ello los Hijos de Israel se rectificarán y se convertirán al bien» (Talmud, Tratado de Sanhedrín 97b).

De esta cita talmúdica surgen dos enseñanzas extraordinariamente valiosas y, a su vez, estremecedoras. Por un lado, se aprecia que con rectificación se logrará la Redención. Aunque también hemos observado en la revelación de Rabí Iehoshúa, que en caso de no producirse la rectificación –hasta una fecha determinada–, se levantará un rey duro como Hamán, quien emitirá decretos tan severos como los de éste, y a raíz de eso, los Hijos de Israel se rectificarán y se producirá la Redención.

¿Y quién fue Hamán y qué es lo que decretó?

En el Libro de Ester constan todos los detalles, como está escrito: «Hamán le dijo al rey Asuero: hay un pueblo esparcido y apartado entre los pueblos, en todas las naciones de tu reino; y sus leyes son diferentes de las de todo pueblo, y no guardan las leyes del rey, y al rey no le causa ningún beneficio dejarlos vivir. Si parece bien al rey, decrete que sean destruidos; y yo pesaré diez mil talentos de plata a los que realizan la labor, para que sean traídos a los tesoros del rey. Entonces el rey quitó el anillo de su mano, y lo dio a Hamán, el hijo de Hamedata, gagueo, opresor de los judíos, y le dijo: la plata que ofreces sea para ti, y asimismo el pueblo, para que hagas de él lo que bien te parezca».

A continuación está escrito: «Entonces fueron llamados los escribas del rey en el mes primero, al día trece del mes, y fue escrito conforme a todo lo que ordenó Hamán, a los arteros del rey, a los oficiales que estaban sobre cada nación y a los ministros de cada pueblo, a cada nación según su escritura, y a cada pueblo según su lengua; en nombre del rey Asuero fue escrito, y sellado con el anillo del rey. Y fueron enviadas cartas por medio de correos a todas las naciones del rey, con la orden de destruir, matar y exterminar a todos los judíos, jóvenes y ancianos, niños y mujeres, en un mismo día, en el día trece del mes duodécimo, que es el mes de Adar, y de apoderarse de sus bienes» (Ester 3:7-13).

Pero el deseo de ese hombre malvado no se cumplió, pues El Santo, Bendito Sea, hizo un milagro, y todos los Hijos de Israel se salvaron, como está escrito: «Porque Hamán hijo de Hamedata, gagueo, opresor de todos los judíos, había ideado contra los judíos un plan para destruirlos, y había echado Pur, es decir, suerte, para eliminarlos y acabar con ellos. Pero cuando ella –Ester– vino a la presencia del rey, él ordenó por carta que el perverso designio que aquél trazó contra los judíos recayera sobre su cabeza; y que lo colgaran a él y a sus hijos en la horca» (Ester 9:24-25).

LA HECATOMBE ESCONDIDA

Este fragmento bíblico que resume el intento de exterminio del pueblo de Israel, y su salvación, encierra el misterio de lo que sucedería en el futuro, incluido todo lo referente al Holocausto.

Analizaremos el fragmento detalladamente para comprenderlo de forma apropiada, ya que la revelación mencionada por Rabí Iehoshúa en el Talmud es contundente y enuncia con absoluta claridad que el medio para rectificarse, en caso de ser necesario, será un rey como Hamán.

En el Midrash se explica lo que sucedió en aquellos días de manera explícita y detallada, por esta razón analizaremos minuciosamente el desenlace de este curioso y trascendental episodio de la historia en el que se menciona, además, el misterio de los designios astrológicos.

LA INTERPRETACIÓN ASTROLÓGICA

Para comprender las palabras del Midrash que mencionaremos a continuación, hay que saber que para interpretar las señales astrológicas se requiere una precisión absoluta. Un error en la lectura puede resultar determinante y derivar en una equivocación que provocará la falsa interpretación de los designios prefijados.

Considérese que Moisés, cuando dijo la hora a la que El Eterno saldría al interior de Egipto y traería la plaga contra los primogénitos, pensó que tal vez los astrólogos egipcios podrían equivocarse. Pues dijo: «como a la medianoche» en vez de decir: «a la medianoche». Como está escrito: «Dijo Moisés: así dijo El Eterno: como a la medianoche, Yo saldré al interior de Egipto. Todos los primogénitos de la tierra de Egipto morirán, desde el primogénito del Faraón que se sienta en su trono, hasta el primogénito de la sirvienta que está detrás del molino, y todos los primogénitos de los animales» (Éxodo 11:4-5).

¿Acaso es posible suponer que existen dudas para El Eterno? ¡Evidentemente que no! Siendo así, ¿por qué dijo: «cómo a la medianoche», y no: «a la medianoche»? Se aprende que El Eterno le dijo a Moisés: «a la medianoche», y éste dijo: «como a la medianoche», pues temía que los astrólogos egipcios se equivocaran en el cálculo exacto de la medianoche y dijeran que Moisés era un impostor (Talmud, Tratado de Berajot 4a).

UN ERROR EN LA INTERPRETACIÓN

Ahora sí nos remitimos al Midrash, donde se podrá apreciar con absoluta claridad que lo considerado por Moisés en aquella ocasión con los egipcios era correcto. Pues en la época de Hamán ocurrió un hecho similar, y se registró un error en el cálculo astrológico que fue determinante.

Cuando el perverso Hamán se dispuso a eliminar a los Hijos de Israel, dijo: «¿Cómo podré con ellos? ¿En qué momento me conviene llevar a cabo mi plan? ¡Echaré la suerte para saberlo!».

Entonces buscó en la astrología y en la historia, con el fin de hallar un tiempo adverso para Israel, considerando que ese dato era fundamental para llevar a cabo su propósito, como está escrito: «En el mes primero [...] fue echada Pur, esto es, la suerte, delante de Hamán, suerte para cada día y cada mes del año; y salió el mes duodécimo, que es el mes de Adar» (Ester 3:7).

Hamán, al actuar de ese modo, desconsideró lo que el Espíritu de Santidad ya había aclarado y advertido, tal como lo reveló el profeta Joel, como está escrito: «Sobre Mi pueblo echaron suerte» (Joel 4:3). El versículo revela explícitamente que El Eterno llama a Israel: «Mi pueblo», y se aprende que es Él quien vela por ellos, y no los entrega en manos de ángeles ni designios astrológicos (véase Pirkei de Rabí Eliezer cap. XXIV).

Siendo así, ¿cómo Hamán pretendía echar la suerte para saber cómo vencerlos de acuerdo con los designios astrológicos? Por eso, El Santo, Bendito Sea, dijo acerca de Hamán:

«¡Perverso! ¡La suerte que tú echarás caerá sobre ti mismo, y tú mismo serás colgado!».

LA HISTORIA DE HAMÁN

Esta declaración mencionada se hizo realidad, pues Hamán quiso colgar a Mordejai, el líder de los hebreos, y finalmente él fue colgado en su lugar, como está escrito: «Entonces dijo el rey: ¿Quién está en el patio? Y Hamán había venido al patio exterior de la casa real, para hablarle al rey para que hiciera colgar a Mordejai en la horca que él le tenía preparada. Y los servidores del rey le respondieron: ¡He aquí Hamán está en el patio! Y el rey dijo: ¡Que entre!» (Ester 6:4-5).

A continuación está escrito: «Fue, pues, el rey con Hamán al banquete de la reina Ester. Y en el segundo día, mientras bebían vino, el rey dijo a Ester: ¿cuál es tu petición, reina Ester, y te será concedida? ¿Cuál es tu solicitud? Aunque sea la mitad del reino, te será otorgada. Entonces la reina Ester respondió y dijo: oh, rey, si he hallado gracia en tus ojos, y si al rey place, séame dada mi vida por mi petición, y mi pueblo por mi solicitud. Porque hemos sido vendidos, yo y mi pueblo, para ser destruidos, para ser muertos y exterminados. Si para siervos y siervas fuésemos vendidos, me callaría; pero nuestra muerte sería para el rey un daño irreparable. El rey Asuero respondió a la reina Ester diciéndole: ¿Quién es, y dónde está, el que ha ensoberbecido su corazón para hacer esto? Ester dijo: el enemigo y opresor es este malvado Hamán. Entonces Hamán se turbó delante del rey y de la reina. Después el rey se levantó del banquete, encendido en ira, y se fue al jardín del palacio; y Hamán se quedó para suplicarle a la reina Ester por su vida, porque vio que estaba resuelto para él el mal de parte del rey» (Ester 7:1-7).

Pero nada pudo hacer para librarse del castigo, ya que el mal que tramó se volvió contra él, como está escrito a continuación: «Después el rey volvió del jardín del palacio al aposento del banquete, y Hamán había caído sobre el lecho en que estaba Ester. Entonces el rey dijo: ¿Acaso también pretendes tomar a la reina en mi propia casa? Al pronunciar el rey estas palabras, el rostro de Hamán se turbó. Y dijo Jarbona, uno de los ministros que servían al rey: he aquí en casa de Hamán se halla la horca de cincuenta codos de altura que hizo Hamán para Mordejai, el cual había hablado bien por el rey. Entonces el rey dijo: ¡Colgadlo en ella! Así colgaron a Hamán en la horca que él había hecho preparar para Mordejai; y se apaciguó la ira del rey» (Ester 7:8-10).

UN PRESAGIO ALUDIDO

Este suceso estaba indicado en el versículo que describe la suerte echada por Hamán, como está escrito: «En el mes primero [...] fue echada Pur, esto es, la suerte, delante de Hamán» (Ester 3:7).

La expresión «esto es, la suerte», en el original hebreo está escrita mediante la locución: «*hu hagoral*», que literalmente significa: «él es la suerte». Es decir, en el versículo se insinuaba que la suerte que Hamán echaría se volvería contra él mismo. ¿Y por qué la suerte se volvió contra él? Tal como está escrito: «Porque no reposará la vara de la maldad sobre la suerte de los justos» (Salmos 125:3).

LA ESTRATEGIA DE HAMÁN

En el Midrash se explica, además, que para saber cuándo llevar a cabo su plan, Hamán consultó la astrología, que conocía perfectamente. Se revela que examinó las señales correspondientes a los trayectos de los cuerpos celestes, así como lo concerniente a los asistentes de estos y los ángeles vinculados con los mismos. Por esta razón, para comprender de forma apropiada la elucidación, observaremos un diagrama de estas correspondencias y parámetros y, a continuación, la explicación del Midrash.

Los siete cuerpos celestes que ejercen dominio durante los siete días de la semana son: el Sol, denominado en hebreo «Jamá», Venus, «Noga», Mercurio, «Kojav», la Luna, «Levaná», Saturno, «Shavetai», Júpiter, «Tzedek» y Marte, «Maadim». Al seguir el orden establecido durante las veinticuatro horas del día, resulta que cada día nace bajo la influencia de otro cuerpo celeste.

Éste es el trayecto nocturno de los siete días de la semana:

Trayecto nocturno del día 1 (domingo): Mercurio, Luna. Saturno, Júpiter y Marte; Sol, Venus, Mercurio, Luna. Saturno, Júpiter y Marte.

Trayecto nocturno del día 2 (lunes): Júpiter, Marte, Sol, Venus. Mercurio, Luna, Saturno, Júpiter. Marte, Sol, Venus, Mercurio.

Trayecto nocturno del día 3 (martes): Venus, Mercurio, Luna, Saturno. Júpiter, Marte, Sol, Venus. Mercurio, Luna, Saturno, Júpiter.

Trayecto nocturno del día 4 (miércoles): Saturno, Júpiter, Marte, Sol. Venus, Mercurio, Luna, Saturno. Júpiter, Marte, Sol, Venus.

Trayecto nocturno del día 5 (jueves): Sol, Venus, Mercurio, Luna. Saturno, Júpiter, Marte, Sol. Venus, Mercurio, Luna, Saturno.

Trayecto nocturno del día 6 (viernes): Luna, Saturno, Júpiter, Marte, Sol. Venus, Mercurio, Luna. Saturno, Júpiter, Marte, Sol.

Trayecto nocturno del día 7 (sábado): Marte, Sol, Venus, Mercurio. Luna, Saturno, Júpiter, Marte. Sol, Venus, Mercurio, Luna.

Éste es el trayecto diurno:

Trayecto diurno del día 1 (domingo): Sol, Venus, Mercurio, Luna. Saturno, Júpiter, Marte, Sol. Venus, Mercurio, Luna, Saturno.

Trayecto diurno del día 2 (lunes): Luna, Saturno, Júpiter, Marte. Sol, Venus, Mercurio, Luna. Saturno, Júpiter, Marte, Sol.

Trayecto diurno del día 3 (martes): Marte, Sol, Venus, Mercurio. Luna, Saturno, Júpiter, Marte. Sol, Venus, Mercurio, Luna.

Trayecto diurno del día 4 (miércoles): Mercurio, Luna, Saturno, Júpiter. Marte, Sol, Venus, Mercurio. Luna, Saturno, Júpiter, Marte.

Trayecto diurno del día 5 (jueves): Júpiter, Marte, Sol, Venus. Mercurio, Luna, Saturno, Júpiter. Marte, Sol, Venus, Mercurio.

Trayecto diurno del día 6 (viernes): Venus, Mercurio, Luna, Saturno. Júpiter, Marte, Sol, Venus. Mercurio, Luna, Saturno.

Trayecto diurno del día 7 (sábado): Saturno, Júpiter, Marte, Sol. Venus, Mercurio, Luna, Saturno. Júpiter, Marte, Sol, Venus.

ASISTENTES ASTRALES

Estos son los asistentes de los siete cuerpos celestes:

Mercurio, sus asistentes son los signos del zodíaco de Géminis y Virgo.

Luna, su asistente es el signo del zodíaco de Cáncer.

Saturno, sus asistentes son los signos del zodíaco de Capricornio y Acuario.

Júpiter, sus asistentes son los signos del zodíaco de Sagitario y Piscis.

Marte, sus asistentes son los signos del zodíaco de Aries y Escorpio.

Sol, su asistente es el signo del zodíaco de Leo.

Venus, sus asistentes son los signos del zodíaco de Tauro y Libra (*Refua Vejaim Mirushalaim,* cap. V).

LA COSMOVISIÓN ASTRAL

Además, para comprender de forma apropiada la enseñanza del Midrash, debe saberse que los astrólogos observan lo que reflejan las estrellas. Pero el análisis argumental que determinará esa información se realiza antes de manifestarse a través de las señales astrológicas, ya que las mismas proyectan al mundo los designios impartidos por el ministro espiritual encargado, después de que fueron previamente analizados y resueltos por la Corte de lo Alto, y aprobados por El Santo, Bendito Sea.

Por eso, en ciertas ocasiones, se menciona en el Midrash lo que ocurrió antes de manifestarse las señales astrológicas para ese día y, consecuentemente, antes de que fueran percibidas por Hamán. Y se apreciará, además, que en ciertos casos los tiempos no respetan el orden cronológico. Por ejemplo, se observará que sucesos posteriores avalarán y también protegerán de acontecimientos posteriores. Es decir, hechos que tuvieron lugar después de Hamán servirán de protección para que los Hijos de Israel puedan salvarse de ese hombre maligno. Esto se debe a que se trata de una evaluación de los hechos que sucederán, previa a la proyección al mundo a través de la astrología, ya que en la astrología está previsto lo que sucederá en el futuro, y se puede leer e interpretar porque se decide antes de registrarlo en las estrellas.

LA CONSULTA ASTRAL

Ahora sí observaremos la consulta de Hamán. En el Midrash se explica que para saber cuándo debía llevar a cabo su plan, Hamán consultó en primer lugar los designios astrológicos vinculados con los días de la semana, como está escrito: «suerte para cada día» (Ester 3:7). La razón de esta consulta fue porque él sabía que hay siete cuerpos celestes que ejercen influencia sobre la Tierra en cada día y cada hora, siguiendo un orden determinado.

EL DÍA DOMINGO

En un comienzo Hamán echó la suerte sobre el primer día de la semana, domingo, para saber si podría prevalecer sobre los Hijos de Israel. En ese momento se levantó el ángel encargado de ese día, que recibe la energía vital de lo Alto y la proyecta a ese día para que tenga existencia. Ese ángel, el ministro espiritual de ese día, se dirigió a El Santo, Bendito Sea, para presentar sus descargos.

El ministro espiritual se puso de pie ante El Santo, Bendito Sea, y dijo:

—¡Amo del mundo! Conmigo han sido creados los Cielos y la Tierra, como está escrito: «En principio creó Dios a los Cielos y a la Tierra [...] Y fue tarde y fue mañana, día uno» (Génesis 1:1-5). Y Tú has dicho a través del profeta: «Si no permanece mi pacto –la Torá– con el día y la noche, no he puesto las leyes de los Cielos y la Tierra» (Jeremías 33:25). Pues la finalidad de la creación de los Cielos y la Tierra, como las leyes de su funcionamiento, están sujetas al cumplimiento del pacto de El Eterno de día y de noche, siendo éste el único objetivo de la creación. Y si este pacto de El Eterno es la circuncisión, he aquí que los Hijos de Israel lo llevan permanentemente en su carne, como está escrito: «Dios le dijo a Abraham: en cuanto a ti, guardarás Mi pacto, tú y tu futura descendencia por todas las generaciones» (Génesis 17:9). Y está escrito: «Y Mi pacto estará en vuestra carne como pacto eterno» (Génesis 17:13). Y si ese pacto que debe cumplirse de día y de noche es el estudio de la Torá, los Hijos de Israel lo cumplen permanentemente con sus bocas, como está escrito: «Nunca se apartará de tu boca este libro de la Torá, sino que de día y de noche meditarás en él» (Josué 1:8). Ahora bien, si dijeras que el pacto de la circuncisión y la Torá pueden existir en el mundo a través de otro pueblo, considera que ya has asegurado que no sería así, como está dicho: «Así ha dicho El Eterno: si los Cielos arriba se pueden medir, y explorarse abajo los fundamentos de la Tierra, también Yo desecharé toda la descendencia de Israel por todo lo que hicieron, dice El Eterno» (Jeremías 31:36). ¡He aquí que ya has declarado que no los cambiarás por otra nación! Y además está escrito: «Así ha dicho El Eterno, que da el Sol para luz del día, las leyes de la Luna y de las estrellas para luz de la noche, que rompe el mar, y braman sus olas; El Eterno de los ejércitos es su nombre. Si faltaran estas leyes delante de Mí, dice El Eterno, también la descendencia de Israel faltará para no ser nación delante de Mí por todos los días» (Jeremías 31:34-35). Quiere decir que El Eterno no los desechará en ninguna circunstancia, y exclusivamente a través de ellos se cumplirán los pactos establecidos por El Eterno. ¿Y este malvado pretende eliminarlos? ¡Remueve primero los Cielos y la Tierra y después extermínalos!

De este modo, el ministro espiritual del día primero de la semana defendió a los Hijos de Israel, y los amparó de las influencias astrológicas que ejercían dominio en ese día.

EL DÍA LUNES

Hamán echó suerte sobre el día segundo de la semana, lunes. En ese momento se levantó el ministro espiritual encargado de ese día, se puso de pie ante El Santo, Bendito Sea, y dijo:

—¡Amo del mundo! En el día segundo de la creación separaste las aguas superiores de las aguas inferiores, como está escrito: «Dijo Dios: prodúzcase un firmamento en medio de las aguas y que separe las aguas de las aguas. Así Dios hizo el firmamento y separó las aguas que estaban debajo del firmamento de las aguas que estaban por encima del firmamento; y así fue. Dios llamó al firmamento Cielos; y fue tarde, y fue mañana, segundo día» (Génesis 1:6-8). Y lo mismo ocurre con los Hijos de Israel, ellos están apartados de los demás pueblos, absolutamente consagrados a Ti, como está escrito: «Seréis santos para Mí, pues Yo, El Eterno, soy Santo; y os he separado de los pueblos para que seáis Míos» (Levítico 20:26). Los Hijos de Israel son quienes están unidos intrínsecamente a El Eterno y atraen la abundancia de lo Alto al mundo para que todos los pueblos se sustenten, ¿y este malvado pretende eliminarlos? ¡Invierte primero los de lo bajo y los de lo Alto, mezclándolos como estaban al comienzo, y después extermínalos!

De este modo, el ministro espiritual del día segundo de la semana defendió a los Hijos de Israel, y los amparó de las influencias astrológicas que ejercían dominio en ese día.

EL DÍA MARTES

Hamán echó suerte sobre el día tercero de la semana, martes. En ese momento se levantó el ministro espiritual encargado de ese día, se puso de pie ante El Santo, Bendito Sea, y dijo:

—¡Amo del mundo! En el día tercero de la creación fueron creados los vegetales, como está escrito: «Dijo Dios: que la tierra produzca vegetación, hierbas que den semillas, árboles frutales que den frutos, cada uno según su especie y que contengan su propia semilla sobre la tierra; y así fue. La tierra produjo vegetación, hierbas que dan semillas según su especie y árboles que producen frutos, cada uno con su semilla, según su especie; y Dios vio que era bueno; y fue tarde, y fue mañana, tercer día» (Génesis 1:11-13). Y los Hijos de Israel elevan para Ti las especies vegetales, ofrendándotelas. Pues ellos separan ofrendas y diezmos, posibilitando así que el mundo se mantenga. Además, en este día fueron creados los árboles, y los Hijos de Israel además de separar ofrendas y diezmos de los mismos, te alaban sosteniendo ramas selectas y agitándolas delante de Ti, como está escrito: «Tomaréis para vosotros el primer día el fruto de un árbol selecto –cidro–, hojas de palmeras datileras, ramas de un árbol entrelazado –mirto– y sauces del arroyo; y os alegraréis ante El Eterno, vuestro Dios, durante siete días» (Levítico 23:40). Y los Hijos de Israel a través de los movimientos que realizan con esas especies en alabanza a El Eterno atraen al mundo vientos propicios y buenos, y ahuyentan los malos vientos que arruinan los sembrados y causan todo tipo de daños. Además, en el día tercero las aguas se reunieron en el océano y se descubrió la tierra seca. Y Tú, El Santo, Bendito Sea, has hecho un pacto con las aguas, para el momento en que desearan cobrarse de los malvados. Es decir, el pacto que les permitía volver a cubrir el globo terráqueo, tal como ocurrió con la generación del Diluvio universal, como está escrito: «Cuando llegó el Diluvio sobre la tierra, durante cuarenta días las aguas aumentaron y elevaron el Arca, la que se levantó por encima de la tierra. Las aguas crecieron y aumentaron enormemente sobre la tierra y el Arca flotaba sobre la superficie de las aguas. Las aguas crecieron muchísimo sobre la tierra, y fueron cubiertas todas las altas montañas que están bajo todos los Cielos. Quince codos hacia arriba crecieron las aguas, y se cubrieron las montañas. Y toda la carne que se mueve sobre la tierra expiró: las aves, los animales domésticos, los animales salvajes y todos los seres que se arrastran sobre la tierra, y toda la humanidad. Todos aquellos en cuyas fosas nasales había aliento de vida murieron, y todo lo que había sobre la tierra seca. Y borró toda la existencia que había sobre la faz de la Tierra, desde el hombre hasta el animal, hasta el reptil y hasta el ave de los Cielos; y fueron borrados de la tierra. Únicamente Noé sobrevivió y aquellos que estaban junto con él en el Arca» (Génesis 7:17-23). Y además, El Santo, Bendito Sea, puso otra condición a las aguas en el día en que las creó, de que se abrirían y harían a un lado cuando los Hijos de Israel debieran pasar por su interior para salvarse de sus perseguidores, los egipcios. Y así ocurrió, pues el mar se partió en doce partes –formándose doce túneles–, y los Hijos de Israel pasaron por lo seco, salvándose de sus enemigos que los perseguían, como está escrito: «El Eterno le dijo a Moisés: extiende tu mano sobre el mar y el agua volverá sobre Egipto, sobre sus carrozas y sobre sus jinetes. Moisés extendió su mano sobre el mar, y hacia la mañana el agua recuperó su fuerza inicial, cuando los egipcios huían en dirección a ella; y El Eterno sacudió a Egipto en medio del mar. El agua retornó y cubrió las carrozas y los jinetes de todo el ejército del Faraón que venían detrás de ellos en el mar, y no quedó ni uno solo de ellos. Los Hijos de Israel anduvieron sobre lo seco en medio del mar; el agua era un muro para ellos, a su derecha y a su izquierda» (Éxodo 14:26-30). Y ahora –dijo el ministro espiritual–, si los Hijos de Israel fuesen anulados, nosotros, ¿cómo podremos existir?

De este modo, el ministro espiritual del día tercero de la semana defendió a los Hijos de Israel, y los amparó de las influencias astrológicas que ejercían dominio en ese día.

EL DÍA MIÉRCOLES

Hamán echó suerte sobre el día cuarto de la semana, miércoles. En ese momento se levantó el ministro espiritual encargado de ese día, se puso de pie ante El Santo, Bendito Sea, y dijo:

—¡Amo del mundo! En el día cuarto fueron creadas las luminarias, como está escrito: «Dijo Dios: que haya luminarias en el firmamento de los Cielos para que separen el día de la noche; y sean por señales, y para las festividades, y para los días y los años. Y sean por luminarias en el firmamento de los Cielos para que iluminen sobre la tierra; y así fue. Dios hizo las dos grandes luminarias, la luminaria mayor para que prevalezca en el día, y la luminaria menor para que prevalezca en la noche, y las estrellas. Y Dios las colocó en el firmamento de los Cielos para que den luz sobre la tierra, para que ejerzan dominio de día y de noche, y para que separen la luz de la oscuridad; y Dios vio que era bueno; y fue tarde, y fue mañana, cuarto día» (Génesis 1:14-19). Y todos los moradores del mundo podrán disfrutar de esta luz, yendo a la luz de Israel, como está escrito: «Y las naciones andarán a tu luz, y los reyes al resplandor de tu brillo» (Isaías 60:3). Por eso los Hijos de Israel fueron comparados al Sol y a la Luna. Y en ese día fueron creadas las estrellas, y Tus hijos, los Hijos de Israel, fueron comparados a ellas, como está escrito: «El Eterno, vuestro Dios, os ha multiplicado y he aquí que sois como las estrellas del firmamento en abundancia» (Deuteronomio 1:10). Y si ellos desaparecieran, nosotros, ¿cómo existiremos?».

De este modo, el ministro espiritual del día cuarto de la semana defendió a los Hijos de Israel, y los amparó de las influencias astrológicas que ejercían dominio en ese día.

EL DÍA JUEVES

Hamán echó suerte sobre el día quinto de la semana, jueves. En ese momento se levantó el ministro espiritual encargado de ese día, se puso de pie ante El Santo, Bendito Sea, y dijo:

—¡Amo del mundo! En el día quinto fueron creadas las aves, como está escrito: «Dijo Dios: que las aguas produzcan seres vivos y que aves vuelen sobre la tierra a través de la extensión del firmamento de los Cielos. Y Dios creó los grandes animales del mar y todos los seres vivos que se desplazan, con los que se colmaron las aguas según sus especies; y todas las aves aladas de todas las especies; y Dios vio que era bueno. Dios los bendijo, diciendo: fructificaos y multiplicaos, y llenad las aguas de los mares; pero las aves se multiplicarán en la tierra; y fue tarde y fue mañana, quinto día» (Génesis 1:20-23). Y respecto a las aves, Tú has ordenado a los Hijos de Israel que te ofrezcan de ellas ofrenda, como está escrito: «Si su ofrenda para El Eterno es una ofrenda ígnea de las aves, traerá su ofrenda de tórtolas o de pichones de paloma» (Levítico 1:14). Y a través de las ofrendas de aves que los Hijos de Israel presentan ante Ti, Tú expías y aceptas a las criaturas –los seres creados–, manteniéndose así la existencia del mundo. Y si ellos desaparecieran, ¿quién presentará ante Ti ofrendas?

De este modo, el ministro espiritual del día quinto de la semana defendió a los Hijos de Israel, y los amparó de las influencias astrológicas que ejercían dominio en ese día.

EL DÍA VIERNES

Hamán echó suerte sobre el día sexto de la semana, viernes. En ese momento se levantó el ministro espiritual encargado de ese día, se puso de pie ante El Santo, Bendito Sea, y dijo:

—¡Amo del mundo! En el día sexto fue creado Adán –Adam–, el primer hombre, a Tu imagen y semejanza, como está escrito: «Y dijo Dios: hagamos al hombre a nuestra imagen, y a nuestra semejanza» (Génesis 1:26). Y Tú has llamado a tus hijos Adán –Adam–, como al primer hombre. Como está escrito: «Y vosotros, ovejas mías, ovejas de mi pastoreo, hombres –Adam– sois, y Yo vuestro Dios, dice El Señor, El Eterno» (Ezequiel 34:31). Y si Tú pretendes exterminarlos, extermina a todo hombre, y después, que Hamán ejerza dominio sobre ellos para exterminarlos.

De este modo, el ministro espiritual del día sexto de la semana defendió a los Hijos de Israel, y los amparó de las influencias astrológicas que ejercían dominio en ese día.

EL DÍA SÁBADO

Hamán echó suerte sobre el día séptimo de la semana, Shabat. En ese momento se levantó el ministro espiritual encargado de ese día, se puso de pie ante El Santo, Bendito Sea, y dijo:

—¡Amo del mundo! En el día de Shabat fue completada toda Tu obra, y culminada esplendorosamente, como está escrito: «Así se completaron los Cielos y la Tierra, y todos sus componentes. Al séptimo día Dios completó Su obra que había hecho, y el séptimo día cesó de toda Su obra que había hecho» (Génesis 2:1-2). Y está escrito: «Los Hijos de Israel observarán el Shabat, para hacer al Shabat pacto eterno por sus generaciones. Entre Yo y los Hijos de Israel es señal eterna, porque El Eterno hizo los Cielos y la Tierra en seis días, y el séptimo día cesó y descansó» (Éxodo 31:16-17). Y si Tú pretendes quitarlos del mundo, quita primero el Shabat y anúlalo, y después que Hamán ejerza dominio sobre ellos para eliminarlos.

De este modo el ministro espiritual del día séptimo de la semana defendió a los Hijos de Israel, y los amparó de las influencias astrológicas que ejercían dominio en ese día.

Así fue como Hamán echó suertes para cada día de la semana y no halló en ninguno de ellos un designio astrológico que avalara su acción. Por eso en el versículo se menciona que echó suertes para cada día, como está escrito: «Fue echada Pur, esto es, la suerte, delante de Hamán, suerte para cada día y cada mes del año» (Ester 3:7). Pero no se especifica qué día salió, ya que no halló ninguno, sólo se menciona el mes, como está escrito: «Y salió el mes duodécimo, que es el mes de Adar» (ibíd.).

SUERTES PARA LOS MESES

Cuando Hamán vio que no podría prevalecer sobre los hebreos a través de la influencia de los designios astrológicos de los días, echó suertes sobre los meses.

EL PRIMER MES: NISÁN

Comenzó por el mes de Nisán, y echó la suerte sobre el mismo, pero surgió el mérito de Pesaj, como está escrito: «El Eterno les habló a Moisés y a Aarón en la tierra de Egipto, diciendo: este mes será para vosotros el principio de los meses, será para vosotros el primero de los meses del año. Hablad a toda la asamblea de Israel, diciendo: el diez de este mes tomará para sí, cada hombre, un cordero para cada casa paterna, un cordero por casa [...] Tomarán de la sangre y la colocarán sobre las dos jambas de las puertas y sobre el dintel de las casas en las que lo comerán. Comerán la carne esa noche, asada al fuego, con pan ácimo; con hierbas amargas la comerán [...] Así lo comeréis, con los lomos ceñidos, vuestro calzado en vuestros pies, y vuestros bastones en vuestra mano; lo comeréis deprisa, es la ofrenda de Pesaj para El Eterno. Yo pasaré por la tierra de Egipto esa noche y golpearé mortalmente a todo primogénito de la tierra de Egipto, desde el hombre hasta el animal, y contra todos los dioses de Egipto impondré juicios; Yo soy El Eterno. La sangre sobre las casas en las que estéis será vuestra señal; cuando vea la sangre os saltearé –pasajti–; no habrá plaga de destrucción sobre vosotros cuando golpee mortalmente a la tierra de Egipto. Este día será un recordatorio para vosotros y lo celebraréis como Fiesta para El Eterno; por vuestras generaciones, como decreto eterno lo celebraréis. Durante siete días no se hallará levadura en vuestras casas, pues todo el que coma fermentado, esa alma será tronchada de la asamblea de Israel, ya sea un converso o un nativo de la tierra. No comeréis nada leudado; en todos vuestros lugares de residencia comeréis pan ácimo» (Éxodo 12:1-20).

Todos estos preceptos relacionados con la festividad de Pesaj, cumplidos en Egipto y celebrados a lo largo de las generaciones, protegían en el mes de Nisán a los Hijos de Israel, impidiéndole a Hamán prevalecer sobre ellos.

EL SEGUNDO MES: IAR

Después echó la suerte sobre el mes de Iar, pero surgió el mérito del Pesaj menor, como está escrito: «Había hombres que se habían impurificado con cadáver y no podían hacer la ofrenda de Pesaj en ese día, entonces se aproximaron a Moisés y a Aarón en ese día. Esos hombres le dijeron: estamos impuros a causa de un cadáver humano; ¿por qué habríamos de ser menos por no ofrendar la ofrenda de El Eterno en el tiempo designado a los Hijos de Israel? Moisés les dijo: ¡Poneos de pie y oiré lo que El Eterno ha de ordenaros! El Eterno habló a Moisés, diciendo: háblales a los Hijos de Israel, diciendo: si un hombre se impurifica a través de un cadáver o está en un camino lejano, tanto vosotros como vuestras generaciones, hará la ofrenda de Pesaj para El Eterno, en el mes segundo –Iar–, el día catorce, a la tarde, la hará; con pan ácimo y hierbas amargas la comerá. No dejarán parte de ella hasta la mañana, ni le quebrarán ningún hueso; como todos los decretos de la ofrenda de Pesaj la harán» (Números 9:6-14).

Asimismo en ese mes surgió el mérito del maná, ya que le fue dado a Israel el día 15 de ese mes. Pues en esa fecha se les había terminado el pan ácimo que habían llevado de Egipto y recibieron el maná, como está escrito: «Se desplazaron de Elim, y toda la asamblea de los Hijos de Israel llegaron al Desierto de Sin, que se encuentra entre Elim y Sinaí, el día quince del segundo mes de su partida de la tierra de Egipto [...]. El Eterno le habló a Moisés, diciendo: he oído las quejas de los Hijos de Israel. Háblales, diciendo: por la tarde comeréis carne y por la mañana os saciaréis con pan, y sabréis que Yo soy El Eterno vuestro Dios. Y fue hacia el anochecer cuando las codornices subieron y cubrieron el campamento, y a la mañana había una capa de rocío alrededor del campamento. La capa de rocío ascendió y he aquí que sobre la superficie del desierto había expuesto algo delgado como la escarcha sobre el suelo. Los Hijos de Israel vieron y se dijeron los unos a los otros:

¿Qué es eso –*man hu*–? Pues no sabían lo que era. Moisés les dijo: éste es el pan que El Eterno os ha dado para que comáis [...]. La Casa de Israel lo llamó maná» (Éxodo 16:1-36).

Todos estos preceptos relacionados con la festividad del Pesaj menor más el mérito del maná le impedían a Hamán prevalecer sobre los Hijos de Israel en ese mes.

EL MES TERCERO: SIVÁN

A continuación echó la suerte sobre el mes de Siván, pero surgió el mérito de la entrega de la Torá, como está escrito: «En el tercer mes del Éxodo de los Hijos de Israel de Egipto, en ese día, llegaron al desierto de Sinaí. Se desplazaron desde Refidim y llegaron al desierto de Sinaí, y acamparon en el desierto; e Israel acampó allí, frente a la montaña. Moisés ascendió a Dios y El Eterno lo llamó desde la montaña, diciendo: así dirás a la Casa de Jacob y relatarás a los Hijos de Israel: habéis visto lo que hice a Egipto, y que os transporté sobre alas de águilas y os he traído hacia Mí. Y ahora, si obedecéis Mi voz y observáis Mi pacto, seréis para Mí el tesoro más preciado de todos los pueblos, pues Mía es toda la Tierra. Seréis para mí un reino de ministros, eruditos de la Torá, y una nación santa. Éstas son las palabras que hablaréis a los Hijos de Israel. Moisés vino y convocó a los ancianos del pueblo, y puso ante ellos todas estas palabras que El Eterno le había ordenado. Todo el pueblo respondió al unísono y dijo: ¡Todo lo que El Eterno ha hablado lo haremos! Moisés transmitió de vuelta las palabras del pueblo a El Eterno. El Eterno le dijo a Moisés: he aquí que vengo hacia ti en la espesura de la nube, para que el pueblo oiga cuando te hable y también para que crea en ti por siempre. Moisés relató las palabras del pueblo a El Eterno. El Eterno le dijo a Moisés: ve al pueblo y que se santifiquen hoy y mañana, y lavarán sus vestimentas. Que se preparen para el tercer día, pues al tercer día El Eterno descenderá ante los ojos de todo el pueblo sobre el Monte de Sinaí. Establecerás límites para el pueblo alrededor, diciendo: tened cuidado de no subir a la montaña ni de tocar su borde; todo el que toque la montaña ciertamente morirá. La mano no la tocará, pues ciertamente el que la toque será apedreado o arrojado; tanto animal como persona no vivirá; con el sonido extendido del cuerno, podrán ascender la montaña. Moisés descendió de la montaña al pueblo. Santificó al pueblo y ellos se lavaron las vestimentas. Le dijo al pueblo: estad listos tras un lapso de tres días; no os acerquéis a las mujeres. Al tercer día, cuando era de mañana, hubo truenos y relámpagos y una pesada nube sobre la montaña, y el sonido del cuerno era muy poderoso, y todo el pueblo que estaba en el campamento se estremeció. Moisés llevó al pueblo del campamento hacia Dios, y se ubicaron al pie de la montaña. Todo el Monte de Sinaí estaba humeante, porque El Eterno había descendido sobre él en el fuego; su humo subía como el humo de un horno y toda la montaña se estremeció sobremanera. El sonido del cuerno se hizo más y más fuerte; Moisés hablaba y Dios le respondía con una voz. El Eterno descendió sobre el Monte de Sinaí en la cima de la montaña; El Eterno convocó a Moisés a la cima de la montaña y Moisés ascendió. El Eterno le dijo a Moisés: baja, advierte al pueblo, para que no se abran paso hacia El Eterno para ver, y una multitud de ellos caerá. Hasta los sacerdotes que se acerquen a El Eterno deben estar santificados, para que El Eterno no irrumpa contra ellos. Moisés le dijo a El Eterno: el pueblo no puede subir al Monte Sinaí, pues Tú nos advertiste, diciendo: ponle límites a la montaña y conságrala. El Eterno le dijo: ve, desciende. Después subirás, y Aarón contigo, mas los sacerdotes y el pueblo, ellos no deberán abrirse paso hacia El Eterno, para que Él no irrumpa contra ellos. Moisés descendió al pueblo y les habló. Dios dijo todas estas palabras, diciendo: Yo soy El Eterno, tu Dios, Quien te sacó de la tierra de Egipto, de la casa de la esclavitud […]». (Éxodo, caps. XIX y XX).

El mérito de la entrega de la Torá le impedía a Hamán prevalecer sobre los Hijos de Israel en ese mes. Por eso probó suerte con el mes siguiente.

EL CUARTO MES: TAMUZ

A continuación echó la suerte sobre el mes de Tamuz, pero surgió el mérito de la tierra de Israel. Pues antes de entrar a la tierra Moisés envió exploradores, y estos salieron al final del mes de Siván y estuvieron allí todo el mes de Tamuz, y volvieron a traer el informe el 9 del mes siguiente, Av, como está escrito: «El Eterno habló a Moisés, diciendo: envía para ti a hombres, y que exploren la tierra de Canaán que Yo doy a los Hijos de Israel […]. Al cabo de cuarenta días regresaron de explorar la tierra. Fueron y vinieron ante Moisés y Aarón, y ante toda la asamblea de los Hijos de Israel, al desierto de Parán en Kadesh, y les trajeron a ellos y a toda la asamblea el informe, y les mostraron los frutos de la Tierra […]». (Números 13:1-33).

Durante esa incursión, Calev, que era uno de los doce exploradores, arriesgó su vida en el mes de Tamuz, oponiéndose a los demás hombres que iban con él e intimidándolos a coger de las frutas para llevarlas al campamento, como está escrito: «Llegaron hasta el Valle de Eshkol y de allí cortaron un sarmiento con un racimo de uvas, y lo cargaron sobre una pértiga doble, y de las granadas y de los higos» (Números 13:23).

Se aprecia que en el versículo es mencionado el lugar del que cogieron las frutas, y ese dato podría obviarse, pues igualmente se sabría que lo trajeron del Valle de Eshkol, ya que consta explícitamente en el versículo siguiente, como está escrito: «Llamó a ese lugar el Valle de Eshkol por el racimo –*eshkol*– que los Hijos de Israel cortaron de allí» (Números 13:24).

Además, se sabe que «racimo» es uno, y si fueran más, debería estar escrito «racimos», ¿por qué se especifica que se trataba de una unidad? Como está escrito: «de allí cortaron un sarmiento con un racimo de uvas». Asimismo se declara que «llegaron hasta el Valle de Eshkol», y no, «al Valle». También está escrito: «de allí» y «un». Se aprende de estas irregularidades que los exploradores pensaron difamar a la tierra que habían ido a explorar (véase Talmud, Tratado de Sotá 34a; III Zohar 160b). Pues ellos no quisieron tomar de las frutas de la Tierra de Israel y mostrarlas al pueblo hebreo, para que no vieran la excelsitud de la Tierra.

Pero Calev no estuvo de acuerdo con ellos y desenvainó su espada y los intimidó. Corrió hacia el Valle, cortó frutas de allí y alzándolas les dijo: «¡Si no las tomáis, o me matáis o yo os mataré a vosotros!». Y ellos temieron luchar con él. A esto se refiere lo que está escrito: «llegaron hasta el Valle de Eshkol», y después «de allí», marcándose dos circunstancias relevantes, y también está escrito: «un», ya que un solo hombre los obligó a llevar las frutas para mostrarlas al pueblo. Y por haber hecho esto, Calev se hizo merecedor de entrar a la Tierra de Israel para poseerla, junto con Josué y los Hijos de Israel. Y Caleb heredó las montañas de Jebrón, el sitio donde había ocurrido el mencionado suceso que tuvo lugar en el Valle de Eshkol, tal como consta en el Libro de Josué: «Esto, pues, es lo que los hijos de Israel tomaron por heredad en la tierra de Canaán, que fue repartido por Eleazar el sacerdote, Josué hijo de Nun, y los jefes de las casas paternas de las tribus de los hijos de Israel. Por suerte se les dio su heredad, como El Eterno había ordenado a Moisés que se diera a las nueve tribus y a la media tribu. Porque a las dos tribus y a la media tribu les había dado Moisés heredad al otro lado del Jordán; mas a los levitas no les dio heredad entre ellos. Porque los hijos de José se convirtieron en dos tribus, Manasés y Efraín; y no dieron parte a los levitas en la tierra sino ciudades en que moraran, con los ejidos de ellas para su ganado mayor y sus rebaños. De la manera que El Eterno lo había ordenado a Moisés, así lo hicieron los Hijos de Israel en el repartimiento de la tierra. Y los hijos de Judá vinieron a Josué en Gilgal; y Caleb, el hijo de Iefuné knizeo, le dijo: tú sabes lo que El Eterno dijo a Moisés, hombre de Dios, en Cadesh Barnea, respecto a mí y a ti. Yo era de edad de cuarenta años cuando Moisés siervo de El Eterno me envió de Cadesh Barnea a explorar la Tierra; y yo le traje el informe conforme a lo que sentía en mi corazón. Y mis hermanos, los que habían subido conmigo, hicieron desfallecer el corazón del pueblo; pero yo cumplí siguiendo a El Eterno mi Dios. Entonces Moisés juró diciendo: ¡Ciertamente la Tierra que pisó tu pie será para ti, y para tus hijos en herencia perpetua, por cuanto has cumplido siguiendo a El Eterno mi Dios! Y El Eterno me ha hecho vivir, tal como Él dijo, estos cuarenta y cinco años, desde el tiempo en que El Eterno habló estas palabras a Moisés, cuando Israel andaba por el desierto; y ahora, he aquí, hoy soy de edad de ochenta y cinco años. Todavía estoy tan fuerte como el día que Moisés me envió; cual era mi fuerza entonces, tal es ahora mi fuerza para la guerra, y para salir y para entrar. Dame, pues, ahora este monte, del cual habló El Eterno aquel día; porque tú oíste en aquel día que los gigantes están allí, y que hay ciudades grandes y fortificadas. Quizá El Eterno estará conmigo, y los echaré, como El Eterno ha dicho. Josué entonces lo bendijo, y dio a Caleb hijo de Iefuné a Jebrón por heredad. Por tanto, Jebrón vino a ser heredad de Caleb hijo de Iefuné knizeo, hasta hoy, por cuanto había seguido completamente a El Eterno, Dios de Israel (Josué 14:1-14) (Midrash Raba Números 16:14).

Este mérito de Caleb que permitió a Israel heredar la Tierra Prometida se proyectó a todas las generaciones. Ese mérito de la Tierra de Israel le impedía a Hamán prevalecer sobre los Hijos de Israel en ese mes.

Aunque también hubo otro factor que incidió en el mes de Tamuz para proteger a Israel, y este factor se asoció además a lo que sucedió en el mes de Av, protegiéndolo también. Y por cuanto que este asunto está compartido, será mencionado a continuación, en la suerte del mes de Av.

EL MES QUINTO: AV

A continuación echó la suerte sobre el mes de Av, pero los ministros espirituales de esos meses se presentaron ante El Santo, Bendito Sea, y dijeron: «¡Amo del mundo! Es suficiente con los cinco castigos que les han sobrevenido a Tus hijos en el mes de Tamuz y los cinco castigos que les han sobrevenido en el mes de Av». Y citaron el versículo que declara: «¿Qué caviláis contra El Eterno, que Él hará consumación? No se levantará dos veces una aflicción» (Nahum 1:9).

Es decir, si en el mes de Tamuz y en el mes de Av acontecieron graves aflicciones, El Santo, Bendito Sea, no traerá nuevamente en esos meses una aflicción grave, de exterminio, como la que quería provocar Hamán.

Éstas son las aflicciones que acontecieron en esos meses:

En Tamuz, el día 17 de ese mes hebreo sobrevinieron cinco hechos desagradables a nuestros antepasados y por eso se ayuna en esa fecha: fueron quebradas las Tablas de la Ley; fue anulado el Sacrificio Continuo; fue invadida la ciudad de Jerusalén; Apostomus quemó el rollo de la Torá; Apostomus irguió un ídolo en el atrio.

Éste es un breve resumen de lo ocurrido con esos hechos mencionados:

Fueron quebradas las Tablas de la Ley: Moisés hizo esto tras contemplar que el pueblo había realizado un objeto de culto idólatra, como está escrito: «Ocurrió que cuando se acercó al campamento y vio el becerro y los bailes, se encendió la ira de Moisés y arrojó las Tablas de sus manos y las quebró al pie de la montaña. Tomó el becerro que habían hecho y lo hizo arder en el fuego. Lo molió hasta convertirlo en polvo fino, y lo esparció sobre el agua, e hizo que bebieran los Hijos de Israel» (Éxodo 32:19-20).

Fue anulado el Sacrificio Continuo: este hecho tuvo lugar antes de la destrucción del Templo Sagrado. En ese período, Jerusalén se encontraba sitiada y debido a ello no poseían ovinos para ofrecer sobre el Altar.

Fue invadida la ciudad de Jerusalén: derivando en la destrucción del Segundo Templo Sagrado.

Apostomus quemó el rollo de la Torá: se trataba de un ejemplar único y especial. El mismo había sido escrito por Esdras, el escriba que lideró al pueblo de Israel en su retorno a la Tierra Prometida. Este hecho aconteció tras permanecer durante setenta años en el exilio babilónico. El citado rollo se encontraba dispuesto en un sitio selecto en el atrio del Templo Sagrado. Era un original que había sido cuidadosamente elaborado. Su escritura se realizó respetando puntillosamente cada detalle que se disponía del rollo original escrito por Moisés. Este rollo de la Torá era el modelo que se consultaba para corregir todos los demás. Por tal razón, cuando este ministro griego lo quemó, hubo una gran congoja en el pueblo de Israel (Talmud, Tratado de Taanit 26b; Mishná Taanit 4:6, Tiferet Israel).

Apostomus irguió un ídolo en el atrio –Heijal–: este hecho ocurrió en días del Segundo Templo Sagrado, tras la invasión de los griegos a Jerusalén, quienes conquistaron la ciudad y profanaron el Templo. Aunque esa toma no fue definitiva, pues los Hijos de Israel se recompusieron, presentaron batalla, y expulsaron al invasor (Mishná, Tratado de Taanit 4:6; Talmud, Tratado de Taanit 26b; Mefarshei Hatalmud).

EL MES DE AV

En el mes de Av acontecieron cinco hechos ingratos a nuestros antepasados el día nueve del mes, y por eso se ayuna en ese día.

En nueve de Av fue decretado sobre nuestros antepasados que no entrarían a la Tierra de Israel. En el Talmud se explica: el veintinueve de Siván Moisés envió a los exploradores para inspeccionar la Tierra Prometida. Tras la campaña: «ellos regresaron de explorar la Tierra al cabo de cuarenta días» (Números 13:25). Esos cuarenta días culminaron el ocho de Av. Y a continuación está escrito: «Toda la congregación se levantó y dieron sus voces y lloró el pueblo esa noche» (Números 14:1). O sea, en la noche del nueve de Av. Al contemplar esta actitud infiel y de incredulidad con respecto al poder de El Eterno para hacerles conquistar la Tierra Prometida, El Eterno les dijo: «Vosotros llorasteis un llanto vano, Yo establezco para vosotros un llanto por las generaciones».

En nueve de Av fue destruido el Templo Sagrado por primera vez y también por segunda vez. La primera vez, como está escrito: «Y en el mes quinto a siete del mes, que es el decimonoveno año del reinado de Nabucodonosor, rey de Babilonia, vino Nebuzradán [...], e incendió la casa de El Eterno y la casa del rey (II Reyes 25:8). Y también está escrito: «Y en el mes quinto a diez del mes que es el decimonoveno año del reinado de Nabucodonosor [...], vino Nebuzradán [...], e incendió la casa de El Eterno y la casa del rey» (Jeremías 52:12). En el Talmud se analizó: es imposible decir en siete porque ya fue dicho diez, y es imposible decir diez porque ya fue dicho siete. Siendo así, ¿cómo se entiende esta dificultad que surge a partir de los versículos? La respuesta es ésta: en siete de Av los invasores entraron al atrio, allí comieron y dañaron el siete, el ocho y el nueve. Cerca del anochecer, encendieron el fuego, y el mismo permaneció encendido durante todo el día.

Respecto a la destrucción del Templo Sagrado por segunda vez en la misma fecha, se debió a que: «Los méritos recaen en un día de méritos y las tragedias en un día de tragedias».

En nueve de Av fue conquistada la ciudad de Beitar. Este hecho ocurrió en la época en que tenían lugar las guerras de Bar Cojba contra los romanos. Maimónides señaló: cuando la ciudad de Beitar fue conquistada, era habitada por decenas de miles de miembros de Israel, los cuales eran gobernados por un gran rey. A los pobladores y también a los sabios les pareció que se trataba del rey Mesías. Pero cayó en manos de los romanos y fueron todos asesinados. Como consecuencia de la tragedia, sobrevino una aflicción tan grande como la que tuvo lugar en la época de la destrucción del Templo Sagrado (Maimónides: leyes de ayunos 5:3).

En nueve de Av fue removida la Tierra de Jerusalén. Pues los pueblos idólatras la dejaron como si fuese un campo labrado, como fue dicho: «Sión campo labrado» (Jeremías 26:18) (Mishná, Tratado de Taanit 4:6).

Estos sucesos impedían a Hamán prevalecer sobre los Hijos de Israel en esos dos meses. Por eso probó suerte con el mes siguiente.

EL SEXTO MES: ELUL

Después echó la suerte sobre el mes de Elul, pero surgió el mérito de la culminación de la muralla de Jerusalén. Pues la misma se completó en los días de Nehemías, como está escrito: «Fue terminada la muralla el veinticinco del mes de Elul» (Nehemías 6:15). Esta muralla fue construida con una entrega absoluta, en medio de numerosos impedimentos y rodeados de enemigos que estaban al acecho, como está escrito: «Cuando oyó Sanbalat que nosotros edificábamos la muralla, se enojó y se enfureció en gran manera, e hizo escarnio de los judíos. Y habló delante de sus hermanos y del ejército de Samaria, y dijo: ¿Qué hacen estos débiles judíos? ¿Se les permitirá volver a ofrecer sus sacrificios? ¿Concluirán la reparación en un día? ¿Resucitarán de los montones del polvo las piedras que fueron quemadas? (Nehemías 3:33-34). Sin embargo estas burlas no amedrentaron a los Hijos de Israel, quienes siguieron edificando y reparando, como está escrito: «Se edificó la muralla, y fue reparada y acabada hasta la mitad de su altura, porque el pueblo puso corazón para trabajar» (Nehemías 3:38).

A continuación está escrito: «Sin embargo, cuando oyeron Sanbalat y Tobías, y los árabes, los amonitas y los de Ashdod, que las murallas de Jerusalén eran reparadas, y los boquetes comenzaban a ser cerrados, se encolerizaron mucho; y conspiraron todos a una para venir a atacar a Jerusalén y hacerle daño. Entonces oramos a nuestro Dios, y por causa de ellos pusimos guarda contra ellos de día y de noche [...]. Desde aquel día la mitad de mis siervos trabajaba en la obra, y la otra mitad tenía lanzas, escudos, arcos y corazas; y detrás de ellos estaban los jefes de toda la casa de Judá. Los que edificaban en el muro, los que acarreaban, y los que cargaban, con una mano trabajaban en la obra, y en la otra tenían la espada. Porque los que edificaban, cada uno tenía su espada ceñida a sus lomos, y así edificaban» (Nehemías 4:1-11).

Pese a todos los ataques que sufrieron y todas las embestidas de los enemigos que los rodeaban por todos los flancos, los Hijos de Israel terminaron de edificar y reparar la muralla el día veinticinco del mes de Elul. Y ese mérito quedó vigente para protección de Israel en ese mes.

Además, en Elul estaban protegidos por el mérito del cumplimiento del precepto del diezmo animal. Ya que el Año Nuevo para los animales es en el mes de Elul. Como fue estudiado en la Mishná: el primero de Elul es el Año Nuevo para el diezmo –maaser– de los animales, como está escrito: «Y todo diezmo vacuno y ovino, de todo lo que pase bajo la vara, el décimo será sagrado para El Eterno» (Levítico 27:32). Y no se diezma de los animales que nacieron en este año por los que nacieron en otro año; asimismo, los que nacieron en este año no se asocian a los que nacieron en otro año para reunir diez y así convertirlos en sujetos al diezmado.

Esta sentencia se aprende de lo que está escrito: «Diezmar diezmarás toda la cosecha de tu semilla que produce el campo de año en año» (Deuteronomio 14:22). En el Talmud se deduce que al estar escrito: «diezmar diezmarás», se refiere a dos diezmos: el diezmo de cereal y el diezmo animal. Y lo que está dicho «de año en año» enseña que no se diezma de un año para otro año (Mishná, Tratado de Rosh Hashaná 1:1, Mefarshei hamishná).

Estos preceptos le impedían a Hamán prevalecer sobre los Hijos de Israel en el mes de Elul. Por eso probó suerte con el mes siguiente.

EL SÉPTIMO MES: TISHREI

Después echó la suerte sobre el mes de Tishrei, pero surgió el mérito del cuerno que se hace sonar en Rosh Hashaná, y también el Día del Perdón y las festividades.

El cuerno que se hace sonar en Rosh Hashaná, como está escrito: «En el mes séptimo, el primero del mes, habrá una santa convocación para vosotros; no haréis ninguna labor, será un día de toque de cuerno –shofar– para vosotros» (Números 29:1).

El Día del Perdón, como está escrito: «El día diez de este séptimo mes habrá una santa convocación para vosotros y afligiréis vuestras almas; no haréis ninguna labor» (Números 29:7).

Las festividades, como está escrito: «El día quince del séptimo mes habrá una santa convocación para vosotros; no haréis ninguna labor; celebraréis una festividad para El Eterno durante un lapso de siete días» (Números 29:12). Y esa festividad se celebraba en el Templo Sagrado, hacia donde todos marchaban para participar de la solemnidad, como está escrito: «Haréis la Fiesta de Sucot para ti durante siete días, cuando recolectes de tu granero y de tu bodega. Te alegrarás en tu festividad, tú, tu hijo, tu hija, tu esclavo, tu sirvienta, el levita, el prosélito, el huérfano y la viuda que están en tus ciudades. Durante siete días celebrarás a El Eterno, tu Dios, en el lugar que ha de elegir El Eterno, pues El Eterno, tu Dios, te habrá bendecido en toda tu cosecha y en todas las obras de tus manos, y estarás completamente feliz. Tres veces al año todos tus varones deberán presentarse ante El Eterno, tu Dios, en el lugar que Él ha de elegir: en la festividad del pan ácimo –Pesaj–, en la festividad de Shavuot y en la festividad de las cabañas –Sucot–; y no se presentará ante El Eterno con las manos vacías, cada uno de acuerdo con lo que pueda dar, de acuerdo con la bendición que te dé El Eterno, tu Dios (Deuteronomio 16:13-17). Y después de la festividad de Sucot, aún permanecían un día más en el Templo Sagrado, celebrando otra festividad, como está escrito: «El octavo día será una restricción –atzeret– para vosotros; no haréis ninguna labor» (Números 29:35).

Los méritos que surgían a partir del cumplimiento de estos preceptos le impedían a Hamán prevalecer sobre los Hijos de Israel en el mes de Tishrei. Por eso probó suerte con el mes siguiente.

EL OCTAVO MES: MAR JESHVÁN

Después echó la suerte sobre el mes de Mar Jeshván, pero surgió el mérito de nuestra matriarca Sara, pues murió en ese mes.

Sara fue una mujer destacada y bendecida por El Santo, Bendito Sea, como está escrito: «Y Dios le dijo a Abraham: en cuanto a Sarai, tu mujer, no la llames Sarai, pues Sara es su nombre. Yo la bendeciré; y te daré un hijo de ella; la bendeciré y ella dará origen a naciones; de ella surgirán reyes de pueblos» (Génesis 17:15-16).

Ese hijo mencionado le nació en su ancianidad, después de ser estéril durante muchos años, como está escrito: «Y Abraham se postró sobre su rostro y se rio; y pensó: ¿Acaso le nacerá un hijo a un hombre de cien años de edad? ¿Y Sara, una mujer de noventa años, dará a luz? Y Abraham le dijo a Dios: ¡Ojalá que Ismael viva ante Ti! Dios dijo: No obstante, tu mujer Sara te dará un hijo y lo llamarás Isaac; y Yo cumpliré Mi pacto con él como pacto eterno para su futura descendencia» (Génesis 17:17-19). Y está escrito: «El Eterno recordó a

Sara, tal como había dicho; y El Eterno le hizo a Sara lo que había hablado. Sara concibió y dio a luz un hijo para Abraham en su ancianidad, en el plazo que le había dicho Dios. Abraham llamó al hijo que le había nacido de Sara, Isaac» (Génesis 21:1-3).

Tan grande era Sara, que El Santo, Bendito Sea, le ordenó a Abraham que escuchara todo lo que ella le dijera, como está escrito: «Todo lo que Sara te diga hazle caso, pues a través de Isaac la descendencia será considerada tuya» (Génesis 21:11).

Sara murió en Jebrón, tras haber tenido una vida ejemplar, como está escrito: «La vida de Sara fue de cien años, veinte años y siete años; los años de la vida de Sara. Sara murió en Kiriat Arba, que es Jebrón, en la tierra de Canaán; y Abraham fue a panegirizar a Sara y a llorarla» (Génesis 23:1-2).

¿Por qué no está escrito: «La vida de Sara fue de ciento veintisiete años», ¿por qué está escrito: «cien años, veinte años y siete años»?

Para explicarlo, se cita en el Midrash el versículo que declara: «El Eterno conoce los días de los íntegros, y la heredad de ellos será para siempre» (Salmos 37:18). Así como ellos son íntegros, del mismo modo sus años son íntegros, no habiendo mancha en ninguno de los mismos. En el caso de Sara, ella siendo de veinte años era como de siete años en lo concerniente a la belleza; siendo de cien años era como de veinte años en lo concerniente al pecado, pues estaba absolutamente limpia.

Asimismo, lo que está escrito: «El Eterno conoce los días de los íntegros», se refiere a Sara, que era íntegra en sus acciones y hacía la voluntad de su esposo Abraham. Dijo Rabí Iojanán: se asemeja al caso de una ternera íntegra, que va tras su madre obediente y fiel; así fue Sara detrás de la voluntad de su marido. «Y la heredad de ellos será para siempre», se refiere a Sara, que se ameritó heredar el Mundo Venidero, como está dicho: «La vida de Sara fue de cien años, veinte años y siete años; los años de la vida de Sara». ¿Cuál es la razón de esta aparente redundancia? Pues si al comienzo está escrito: «La vida de Sara fue [...]», ¿qué necesidad había de decir nuevamente: «los años de la vida de Sara»? Enseña que la vida de los justos es preciada para El Santo, Bendito Sea, en este mundo y en el Mundo Venidero.

Además Sara fue comparada con el brillo del Sol, como está escrito: «La vida de Sara fue de cien años, veinte años y siete años; los años de la vida de Sara» (Génesis 23:1). Y antes de esta declaración fue enunciado el nacimiento de Rebeca, como está escrito: «Y Betuel engendró a Rebeca» (Génesis 22:23). A esto se refiere lo que está escrito: «Generación va, y generación viene; mas la Tierra siempre permanece. Brilla el Sol, y se pone el Sol, y aspira volver al lugar de donde brilla» (Eclesiastés 1:4-5).

Dijo Rabí Aba bar Kahana: ¿Acaso no sabemos que brilla el Sol, y se pone el Sol? ¿Qué enseña esta aparente redundancia? Se aprende de aquí que antes de que El Santo, Bendito Sea, haga que se ponga el Sol de un justo, Él hace brillar el Sol de otro justo. Obsérvese que el día en que murió Rabí Akiva, nació nuestro maestro Rabí Iehuda Hanasí, el compilador de la Mishná, y mencionaron sobre él el versículo que declara: «Brilla el Sol, y se pone el Sol». El día en que murió nuestro maestro, Rabí Iehuda Hanasí, nació Rav Ada bar Ahaba, y mencionaron sobre él el versículo que declara: «Brilla el Sol, y se pone el Sol». El día en que murió Rav Ada bar Ahaba, nació Rabí Avún, y mencionaron sobre él el versículo que declara: «Brilla el Sol, y se pone el Sol». El día en que murió Rabí Avún, nació Rabí Avún, su hijo, y mencionaron sobre él el versículo que declara: «Brilla el Sol, y se pone el Sol». El día en que murió Rabí Avún, nació Aba Oshaia, varón de Tria, y mencionaron sobre él el versículo que declara: «Brilla el Sol, y se pone el Sol». El día en que murió Aba Oshaia, varón de Tria, nació Rabí Oshaia y mencionaron sobre él el versículo que declara: «Brilla el Sol, y se pone el Sol». Se aprecia claramente a partir de estos sucesos que antes de que El Santo, Bendito Sea, haga que se ponga el Sol de un justo, Él hace brillar el Sol de otro justo (véase Talmud, Tratado de Iomá 38b).

Asimismo, antes de que El Santo, Bendito Sea, hiciera que se pusiera el Sol de Moisés, Él hizo brillar el Sol de Josué, como está dicho: «El Eterno le dijo a Moisés: toma para ti a Josué, hijo de Nun, un hombre en el cual hay espíritu, y apoya tu mano sobre él» (Números 27:18). Antes de que El Santo, Bendito Sea, hiciera que se pusiera el Sol de Josué, Él hizo brillar el Sol de Otniel, hijo de Kenaz, como está dicho: «La conquistó Otniel, hijo de Kenaz» (Josué 15:17). Antes de que El Santo, Bendito Sea, hiciera que se pusiera el Sol de Eli, Él hizo brillar el sol de Samuel, como está dicho: «Y antes que la candela de Dios fuese apagada, Samuel estaba durmiendo en el templo de El Eterno, donde se encontraba el arca de Dios. El Eterno llamó a Samuel; y él respondió: ¡Heme aquí! (I Samuel 3:3-4). Y esto también ocurrió con el Sol de Sara, que fue sucedida por Rebeca.

Además, por el mérito de Sara, Ester reinó sobre 127 naciones en la época de Hamán, y salvó a los Hijos de Israel, como está escrito: «La vida de Sara fue de cien años, veinte años y siete años; los años de la vida de Sara». A partir de esta cita Rabí Akiva estimuló a sus discípulos para que prestaran atención a sus enseñanzas. Pues Rabí Akiva estaba sentado disertando, y la congregación había comenzado a adormecerse, y entonces él los quiso despabilar, y para hacerlo dijo: ¿Qué vio Ester para reinar sobre ciento veintisiete naciones? Es decir, ¿cuál fue el mérito que la llevó a gozar de ese privilegio? Ya que ella se había casado con el rey Asuero que gobernaba sobre ciento veintisiete naciones, convirtiéndose en la reina del imperio (véase Ester 9:29-30). No fue sino porque El Santo, Bendito Sea, dijo: «Que venga Ester, que era la hija de la hija —descendiente— de Sara que era una mujer recta y justa, que permaneció sin mancha durante ciento veintisiete años, y por ese mérito que reine sobre ciento veintisiete naciones y a través de ella vendrá la salvación al pueblo de Israel» (Midrash Bereshit Raba 58:1-3).

Los méritos que surgían a partir de la muerte de Sara, que ocurrió en el mes de Mar Jeshván, le impedían a Hamán prevalecer sobre los Hijos de Israel en ese mes. Por eso probó suerte con el mes siguiente.

EL NOVENO MES: KISLEV

Después echó la suerte sobre el mes de Kislev, pero surgió el mérito de Januca.

Januca es una celebración cuyo nombre proviene de la expresión *janu,* que significa «reposaron», y se la asocia con la partícula *ca,* que representa el número 25.

Resulta que la palabra Januca manifiesta el reposo que se produjo el 25 del mes de Kislev. Este hecho ocurrió en la época del Segundo Templo Sagrado, cuando los griegos profanaron el Santo Templo, y más tarde los Hijos de Israel lo recuperaron, purificaron y reinauguraron.

La historia de este suceso es la que sigue: inicialmente, los griegos tramaron arrastrar el corazón del pueblo de Israel para que sus miembros renegaran de sus creencias en el Dios Único y Todopoderoso. Su intención era provocar que los judíos abandonaran el servicio a El Santo, Bendito Sea, y la fe en Él, y se unieran a los cultos y creencias paganas de los griegos. Por eso, en un primer momento, se valieron de estratagemas solamente, sin guerrear.

Este levantamiento ocurrió en el año 3593 del calendario hebreo (–168 del calendario civil). En esos tiempos, gobernaba el rey Antíocos –Epifanio IV–, y fue él quien decretó a sus hombres combatir la creencia de los judíos y lo tocante a la profanación del Templo.

En principio los griegos les hablaban en forma seductora, y así lograron conquistar el corazón de las personas simples. Tras conseguirlo, el rey les otorgó un gobernador para la nación y el Templo Sagrado.

El reino nombró también distintos cargos de jefatura y ministros pertenecientes al pueblo judío. Asimismo, designaron un Sumo Sacerdote, como así administradores, jueces y alguaciles.

Estos hombres designados se plegaron a lo dictaminado por el invasor y fueron apodados *mitiavnim* –helenistas–, lo cual significa que por decisión propia aceptaron las reglas y no por decreto del reino.

Los griegos comenzaron a instruir a los subyugados, sobre todo, en lo concerniente a la legislatura griega. Asimismo, los instigaron a violar y profanar las Sagradas Escrituras entregadas por Moisés, la preciada Torá que el pueblo recibió en el Monte Sinaí después de salir de Egipto, cuando alcanzaron una pureza notable. Pero ahora los judíos que se habían subyugado abandonaron esa pureza conseguida con tanto esfuerzo y participaron en ceremonias, bailes y homenajes a dioses paganos.

Sin embargo, no todos hacían eso, ya que la mayoría de los Hijos de Israel no se subyugaron a esa deshonra y vejamen espiritual. Por el contrario, se aferraron a la Sagrada Torá y clamaron a El Eterno, llorando amargamente por los hermanos que se descarriaron y cayeron en las garras del usurpador.

LA IRA DESATADA DEL REY

No obstante, Antíocos vio que los *mitiavnim* no realizaban un servicio íntegro, ya que no ejercían mano fuerte con todo el pueblo. Y advirtió, además, que eran como excomulgados ante los ojos de la mayoría.

Tras ver esto, decidió mandar sus tropas, bajo el mando de sus crueles comandantes, con el claro objetivo de doblegar a los judíos. La orden era clara: «subyugación o degüello».

Cuando las vandálicas huestes llegaron al sector judío, desenvainaron sus espadas, asesinaron, descuartizaron y saquearon. Vejaron horripilantemente a los Hijos de Israel, propinándoles todo tipo de ultrajes, y por si fuera poco, asesinaron a decenas de hombres, mujeres y niños indefensos que entregaron su alma por guardar la Sagrada Torá, sus leyes y preceptos.

Tras esta invasión y aniquilación, una pequeña porción de los Hijos de Israel se subyugó al régimen pagano y al servicio de sus inmundos ídolos.

Otra porción reducida huyó hacia zonas deshabitadas y algunos hombres se escondieron en cuevas.

LOS RENEGADOS HELENISTAS

Los *mitiavnim,* por su parte, cooperaban con el enemigo persiguiendo y tratando de convencer a los que huían para que se plegaran al régimen invasor, e incluso trataban de traerlos por la fuerza.

Fue entonces cuando el enemigo entró al Atrio del Templo Sagrado y abrieron en la muralla trece grandes boquetes del tamaño de portones. Anularon el Sacrificio Continuo que se ofrecía todos los días, impurificaron el aceite y robaron el candelabro.

Además, construyeron un altar y subieron sobre él un cerdo, lo degollaron y llevaron su sangre al Lugar Santísimo del Templo Sagrado denominado Kodesh Hakodashim. El pueblo hebreo oyó lo sucedido y temió en gran manera. Vieron que no había refugio ante la guerra que se declaró, contra la espada y lanza del usurpador, y el hermano revelado que se les unió.

EL MILAGRO DE JANUCA

El milagro inicial de esta guerra ocurrió con las mujeres de Israel. Pues las esposas de los que habían huido y los que se habían escondido, cuando a alguna de ellas les nacía un varón, lo circuncidaban al octavo día, subían a la muralla de Jerusalén con el niño en sus brazos, arrojaban a la criatura, y ellas se arrojaban detrás del bebé para subir al Cielo los dos juntos. Hacían esto tras anunciar que fuera dicho a sus maridos y todos sus hermanos que se ocultaban ante la guerra: «Si vosotros no salís para batallar contra el invasor, no habrá para vosotros niños ni mujeres, y vuestro final será el exterminio total. No guardaremos nuestra santidad en secreto, sino a la vista de todos, y si es vuestra voluntad salvarnos, salid de vuestras madrigueras y combatid contra el enemigo hasta exterminarlo, y El Eterno estará con vosotros».

En ese momento, se levantaron Matitiahu y sus cinco hijos, los *jashmonaim,* como cachorros de león, y congregaron a todo varón valiente de entre el pueblo que fuera apto para combatir.

Después salieron decididos a terminar con el enemigo de El Eterno o morir en la contienda. Durante muchos días hicieron guerra los pocos contra los muchos, los débiles contra los fuertes, y la diestra de El Eterno los salvó, exterminando al enemigo. Entonces fue purificada la tierra de las huestes de Antíocos y todas sus abominaciones. Volvieron al Templo, purificaron el Altar y lo construyeron nuevamente, haciendo un candelabro de madera en el que encendieron candelas que iluminaron la luz de la Torá.

Tras la victoria, hubo en toda la Casa de Israel, y en todos sus asentamientos, alegría, fe y seguridad en El Eterno. Fue un hecho histórico que sería recordado en todas las generaciones durante la celebración de Januca.

El mérito de Januca le impedía a Hamán prevalecer sobre los Hijos de Israel en el mes de Kislev. Por eso probó suerte con el mes siguiente.

EL DÉCIMO MES: TEVET

Después echó la suerte sobre el mes de Tevet, pero surgió el mérito de Esdras el sacerdote, quien purificó al pueblo, anulando los matrimonios ilícitos que se habían conformado en el exilio babilónico, como está escrito: «Mientras Esdras rezaba y confesaba en medio de llanto, y se prosternaba delante de la Casa de Dios, se reunió junto a él una muy gran multitud de hombres, mujeres y niños de Israel; y el pueblo lloraba amargamente. Entonces respondió Shejenia hijo de Iejiel, de los hijos de Elam, y dijo a Esdras: ¡Nosotros hemos pecado contra nuestro Dios, pues tomamos mujeres extranjeras de los pueblos de la tierra; mas a pesar de esto, aún hay esperanza para Israel! ¡Ahora, pues, hagamos pacto con nuestro Dios, que nos desprenderemos de todas las mujeres y los nacidos de ellas, según el consejo de El Señor y de los que temen la ordenanza de nuestro Dios; y hágase conforme a la ley! ¡Levántate, porque te corresponde, y nosotros estaremos contigo; esfuérzate, y haz! Entonces se levantó Esdras y juramentó a los ministros sacerdotes, levitas, y a todo Israel, que harían conforme a esto; y ellos juraron».

A continuación está escrito: «Después Esdras se levantó de delante de la Casa de Dios, y se dirigió a la cámara de Iojanán hijo de Eliashib; cuando estuvo allá no comió pan ni bebió agua, porque guardaba luto a causa del pecado de los del cautiverio. E hicieron pregonar en Judá y en Jerusalén que todos los hijos del cautiverio se reunieran en Jerusalén [...]. Así hicieron los hijos del cautiverio. Y apartaron –a las mujeres que habían tomado ilegítimamente–, el sacerdote Esdras, y los jefes de casas paternas según sus casas paternas; todos ellos por sus nombres se sentaron el primer día del mes décimo para inquirir sobre el asunto. Y terminaron el juicio de todos aquellos que habían tomado mujeres extranjeras, el primer día del mes primero» (Esdras 10:1-16).

Esta actitud fue considerada sumamente valiosa, pues los Hijos de Israel habían transgredido el precepto bíblico que manifiesta: «No te casarás con ellas; no le darás tu hija a su hijo y no tomarás su hija para tu hijo, pues él hará que tu hijo se aleje de Mí y adoren los otros dioses; entonces la ira de El Eterno arderá contra ti y Él te destruirá rápidamente» (Deuteronomio 7:3-4).

Pero ellos enmendaron el error, y esa acción se convirtió en un gran mérito que le impedía a Hamán prevalecer sobre los Hijos de Israel en el mes de Tevet. Por eso probó suerte con el mes siguiente.

EL UNDÉCIMO MES: SHVAT

Después echó la suerte sobre el mes de Shvat, pero surgió el mérito de los hombres de la Gran Asamblea, quienes se reunieron para enmendar y corregir lo que estaba siendo profanado, como está escrito: «Entonces salieron todos los Hijos de Israel, y se reunió la congregación como un solo hombre, desde Dan hasta Beer Sheva y la tierra de Guilad, a El Eterno en Mitzpa» (Jueces 20:1).

En esa oportunidad tuvo lugar un acto doloroso, pues los de la tribu de Benjamín se habían rebelado y los hombres de las demás tribus tuvieron que salir para enfrentarse a ellos. Y ello ocurrió en el mes de Shvat, como está escrito en *Meguilat Taanit*: «En el día veintitrés del mes –Shvat– se reunieron todos los de Israel por la transgresión –de los de la tribu de Benjamín– con la mujer en Guivá» (*véase* Jueces, cap. XIX).

Además los hombres de la Gran Asamblea enfrentaron otro problema serio en ese mes: combatieron la idolatría que había sido dispuesta por Mijá, primero en el monte de Efraín y después en el territorio de Dan (*véase* Jueces, caps. XVII y XVIII).

Este mérito de los hombres de la Gran Asamblea le impedía a Hamán prevalecer sobre los Hijos de Israel en el mes de Shvat. Por eso probó suerte con el mes siguiente.

EL DUODÉCIMO MES: ADAR

Después echó la suerte sobre el mes de Adar, y no encontró en él ningún mérito que protegiera a los Hijos de Israel. Por eso, el perverso Hamán comenzó a alegrarse pues pensaba que en ese mes podría prevalecer sobre Israel.

LOS SIGNOS DEL ZODÍACO

Después de revisar los meses revisó los signos del zodíaco que predominan en cada mes para poder dar el golpe con mayor certeza.

ARIES

Comenzó por el signo de Aries, en hebreo *talé,* el cual está representado por un cordero. Este signo del zodíaco ejerce influencia en el mes de Nisán. Pero surgió el mérito del cordero de Pesaj, que los Hijos de Israel ofrecen en ese mes, como está escrito: «El Eterno les habló a Moisés y a Aarón en la tierra de Egipto, diciendo: este mes será para vosotros el principio de los meses, será para vosotros el primero de los meses del año. Hablad a toda la Asamblea de Israel, diciendo: el diez de este mes tomará para sí, cada hombre, un cordero para cada casa paterna, un cordero por casa [...]. Comerán la carne esa noche, asada al fuego, con pan ácimo; con hierbas amargas la comerán [...]. Así lo comeréis, con los lomos ceñidos, vuestro calzado en vuestros pies, y vuestros bastones en vuestra mano; lo comeréis deprisa, es la ofrenda de Pesaj para El Eterno» (Éxodo 12:1-20).

El precepto del cordero de Pesaj contrarrestó la influencia del signo del cordero –Aries–, impidiéndole a Hamán prevalecer sobre los hebreos en ese mes.

TAURO

Después revisó el signo de Tauro, en hebreo *shor,* el cual está representado por un toro. Este signo del zodíaco ejerce influencia en el mes de Iar. Pero surgió el mérito de José, que es denominado «toro», tal como consta en la bendición impartida por Moisés a las tribus de Israel, previo a su muerte, como está escrito: «Para José dijo: bendita por El Eterno es su tierra […], que esta bendición descanse sobre la cabeza de José, y sobre su corona, quien fue separado de sus hermanos. Su gloria es como un primogénito de toro, la majestad es suya» (Deuteronomio 33:13-17).

Asimismo, surgió el mérito de los toros que se ofrecen como ofrenda a El Eterno, como está escrito: «Cuando naciere un toro, o una oveja o una cabra, permanecerá bajo su madre durante siete días; y a partir del octavo día, será aceptable como ofrenda ígnea para El Eterno» (Levítico 22:27).

Estos hechos contrarrestaron la influencia del signo del toro –Tauro–, impidiéndole a Hamán prevalecer sobre los hebreos en ese mes.

GÉMINIS

Después revisó el signo de Géminis, en hebreo *teomim,* el cual está representado por dos hermanos gemelos. Este signo del zodíaco ejerce influencia en el mes de Siván. Pero surgió el mérito de Peretz y Zeraj, los hijos gemelos de Judá, como está escrito: «Y sucedió que cuando llegó el momento en que dio a luz, he aquí que había gemelos en su vientre. Y aconteció que cuando estaba dando a luz, uno sacó la mano; la partera tomó un hilo carmesí y se lo ató en su mano, diciendo: ¡Éste salió primero! Y sucedió que cuando retiró su mano, y he aquí que salió su hermano. Y ella dijo: ¡Con qué fuerza te has impuesto –*paratzta*–! Y lo llamó Peretz. A continuación salió su hermano, sobre cuya mano estaba el hilo carmesí; y lo llamó Zeraj» (Génesis 38:27-30).

Estos dos hermanos fueron denominados gemelos mediante la expresión *teomim*, que en el texto bíblico original está escrita en forma completa, con todas las letras con que se escribe esa palabra. En cambio, cuando nacieron Jacob y Esaú, los hijos gemelos de Isaac, no está escrito *teomim* sino *tomim*. Se suprimió una letra porque uno salió bueno y el otro malo, como está escrito: «Cuando se cumplieron los días de su preñez, he aquí que había gemelos –*tomim*– en su vientre. El primero salió rojo, como un manto peludo; y lo llamaron Esaú. Después salió su hermano, con su mano aferrada al talón de Esaú; y lo llamaron Jacob; Isaac tenía sesenta años cuando ella los dio a luz. Los jóvenes crecieron y Esaú se hizo cazador, hombre de campo; pero Jacob era un hombre íntegro que habitaba en tiendas» (Génesis 25:24-27). Y más adelante está escrito: «Esaú odió a Jacob a causa de la bendición con que lo había bendecido su padre; y Esaú pensó para sí mismo: cuando se acerquen los días de luto por mi padre, entonces mataré a mi hermano Jacob» (Génesis 27:41).

Debido a que estos dos gemelos no eran justos, sino solamente uno de ellos, Jacob, y los dos de Judá sí eran justos, y se amaban uno al otro, por eso el mérito de ellos surgió para proteger al mes de Siván, que está bajo la influencia de Géminis. Esto contrarrestó la influencia del signo de los gemelos –Géminis–, impidiéndole a Hamán prevalecer sobre los Hijos de Israel en ese mes.

CÁNCER

Después revisó el signo de Cáncer, en hebreo *sartán*, y está asociado al agua, representado por un cangrejo. Este signo del zodíaco ejerce influencia en el mes de Tamuz. Pero surgió el mérito de Moisés, quien fue arrojado a las aguas, tal como es la naturaleza de ese ser vivo que representa el signo del zodíaco de este mes. Pues acerca de Moisés está escrito: «Un hombre salió de la casa de Leví y tomó una mujer de Leví. La mujer concibió y dio a luz a un hijo. Ella vio que era bueno y lo escondió durante tres meses. Ya no podía esconderlo más, entonces tomó un canasto de juncos y lo untó con arcilla y brea; colocó al niño en él y lo puso entre las cañas, a la orilla del río» (Éxodo 2:1-3).

Moisés fue rescatado de las aguas por la hija del Faraón, y cuando creció alzó sus manos al Cielo para orar por Israel en la guerra contra Amalek, que era ancestro de Hamán, y así hizo que el pueblo de Israel se salvara, como está escrito: «Vino Amalek y se enfrentó a Israel en Refidim. Moisés le dijo a Josué: elígenos hombres y ve a enfrentarte a Amalek; mañana me situaré sobre la cima del monte con la vara de Dios en mi mano. Josué hizo tal como le dijo Moisés y se enfrentó a Amalek; y Moisés, Aarón y Jur subieron a la cima del monte. Y sucedió que cuando Moisés alzaba su mano, Israel prevalecía, y cuando bajaba su mano, Amalek prevalecía. Las manos de Moisés se volvieron pesadas, de modo que tomaron una piedra y la colocaron debajo de él, y él se sentó en ella, y Aarón y Jur le sostenían sus manos, uno de este lado y el otro del otro lado, y él permaneció con sus manos elevadas en plegaria hasta la puesta del Sol. Josué debilitó a Amalek y a su pueblo con el filo de la espada» (Éxodo 17:8-13).

El mérito de Moisés contrarrestó la influencia del signo de Cáncer, impidiéndole a Hamán prevalecer sobre los hebreos en ese mes.

LEO

Después revisó el signo de Leo, en hebreo *arie,* el cual está representado por un león. Este signo del zodíaco ejerce influencia en el mes de Av. Pero surgió el mérito de Daniel, que vivió en la época de Hamán y era descendiente de Judá, quien fue comparado a un león, como está escrito: «Cachorro de león es Judá; de la presa, hijo mío, te has elevado. Se agazapa, se recuesta como un león y como una leona temible, ¿quién se atreverá a despertarlo? El cetro no se alejará de Judá, ni los discípulos de entre sus descendientes, hasta que llegue Shiló, y la suya será una asamblea de pueblos» (Génesis 49:9-10).

Este hecho contrarrestó la influencia del signo de Leo, impidiéndole a Hamán prevalecer sobre los Hijos de Israel en ese mes.

VIRGO

Después revisó el signo de Virgo, en hebreo *betulá,* el cual está representado por una mujer virgen. Este signo del zodíaco ejerce influencia en el mes de Elul. Pero surgió el mérito de Jananiá, Mishael y Azariá, que vivieron en la época de Hamán y eran ante El Santo, Bendito Sea, como una virgen que se casa por primera vez después de haber conservado su virginidad para su marido. Así aconteció con estos hombres en relación con El Santo, Bendito Sea, jamás cambiaron a Su Dios, ni su fe y conservaron siempre su judaísmo. E hicieron esto aun arriesgando su vida, ya que el rey Nabucodonosor les ordenó prosternarse a un objeto de culto idolatra, y ellos no lo hicieron pese a ser arrojados por ello a un horno ardiente. Como se explicó en el Talmud: Rabí Janina, el hijo de Papa, cuando se disponía a disertar acerca del libro de Ester, abría la disertación comenzando a partir de este versículo: «Hiciste gobernar hombres sobre nuestra cabeza, anduvimos por el fuego y por el agua, y nos sacaste a profusión» (Salmos 66:12). La explicación es ésta: «anduvimos por el fuego», en los días de Nabucodonosor el malvado, quien arrojó a Jananiá, Mishael y Azariá a un horno ardiente, «y por el agua», en los días del Faraón, quien arrojó a los niños de Israel al Nilo; y lo declarado en el final del versículo: «nos sacaste a profusión», ocurrió en los días de Hamán (Talmud, Tratado de Meguilá 11a).

Este hecho contrarrestó la influencia del signo de Virgo, impidiéndole a Hamán prevalecer sobre los Hijos de Israel en ese mes.

LIBRA

Después revisó el signo de Libra, en hebreo *moznaim,* el cual está representado por una balanza. Este signo del zodíaco ejerce influencia en el mes de Tishrei. Pero surgió el mérito de Job, quien era un hombre justo e íntegro, y se asemejaba a una balanza, como está escrito: «En la tierra de Utz había un hombre llamado Job; y este hombre era íntegro y recto, temeroso de Dios y apartado del mal» (Job 1:1). Y más adelante está escrito: «Respondió entonces Job, y dijo: ¡Si pesasen mi disgusto y mi quebranto, se alzarían igualmente en la balanza!» (Job 6:1-2). Pues eran tan intensas sus aflicciones, que si las pesaran en un platillo de la balanza, y en el opuesto pusieran sus faltas, las igualaría y las desnivelaría. Y esas aflicciones que él soportaba expiaban por toda la generación (*véase* Talmud, Tratado de Baba Batra 16a, Mefarshei Hatalmud).

Este hecho contrarrestó la influencia del signo de Libra, impidiéndole a Hamán prevalecer sobre los Hijos de Israel en ese mes.

ESCORPIO

Después revisó el signo de Escorpio, en hebreo *akrav,* el cual está representado por un escorpión. Este signo del zodíaco ejerce influencia en el mes de Mar Jeshván. Pero surgió el mérito de Ezequiel, como está escrito: «Y tú, hijo de hombre, no les temas, ni tengas miedo de sus palabras, aunque te hallas entre zarzas y espinos, y moras con escorpiones; no tengas miedo de sus palabras, ni temas delante de ellos, porque son casa rebelde» (Ezequiel 2:6).

Ezequiel soportaba la humillación de las personas de los alrededores, que eran como los escorpiones, ya que hacían doler a los demás individuos y los herían punzantemente, de un modo similar a la picadura de este tipo de arácnidos; y su sufrimiento y su rectitud expiaban por toda la generación.

Este hecho contrarrestó la influencia del signo de Escorpio, impidiéndole a Hamán prevalecer sobre los Hijos de Israel en ese mes.

SAGITARIO

Después revisó el signo de Sagitario, en hebreo *keshet*, el cual está representado por un arco. Este signo del zodíaco ejerce influencia en el mes de Kislev. Pero surgió el mérito de José, como está escrito: «Un hijo fructífero es José, un hijo encantador a los ojos; cada una de las jóvenes subió a las alturas para ver. Lo amargaron y lo hostilizaron; los hombres con lengua como flecha lo odiaron. Mas su arco –*keshet*– se estableció firme y sus brazos resplandecieron, de las manos del supremo poder de Jacob, de allí, él fue pastor de la piedra de Israel» (Génesis 49:22-24).

Este hecho contrarrestó la influencia del signo de Sagitario, impidiéndole a Hamán prevalecer sobre los Hijos de Israel en ese mes.

CAPRICORNIO

Después revisó el signo de Capricornio, en hebreo *guedi*, el cual está representado por un cabrito. Este signo del zodíaco ejerce influencia en el mes de Tevet. Pero surgió el mérito de

Jacob, quien enfrentó a Esaú, que representaba las fuerzas del mal. Y lo hizo vestido con pieles de cabrito, como está escrito: «Con las pieles de los cabritos le cubrió sus brazos y la tersura de su cuello» (Génesis 27:16).

Este hecho contrarrestó la influencia del signo de Capricornio, impidiéndole a Hamán prevalecer sobre los Hijos de Israel en ese mes.

ACUARIO

Después revisó el signo de Acuario, en hebreo *dli,* el cual está representado por un cubo de aguador. Este signo del zodíaco ejerce influencia en el mes de Shvat. Pero surgió el mérito de Moisés, como está escrito: «El sacerdote de Midián tenía siete hijas; ellas llegaron y extrajeron agua y llenaron los abrevaderos para dar de beber a las ovejas de su padre. Llegaron los pastores y las echaron. Moisés se levantó y las salvó, y dio de beber a sus ovejas. Ellas fueron donde su padre Reuel. Él dijo: ¿Cómo es que habéis venido tan rápido hoy? Ellas dijeron: ¡Un hombre egipcio nos salvó de manos de los pastores y hasta extrajo agua para nosotras, y dio de beber a las ovejas!» (Éxodo 2:16-19).

Este hecho contrarrestó la influencia del signo de Acuario, impidiéndole a Hamán prevalecer sobre los Hijos de Israel en ese mes.

PISCIS

Finalmente revisó el signo de Piscis, en hebreo *daguim,* el cual está representado por peces. Este signo del zodíaco ejerce influencia en el mes de Adar. Y no encontró ningún mérito. Entonces Hamán se llenó inmediatamente de alegría y dijo: «El mes de Adar no tiene ningún mérito, y el signo del zodíaco de ese mes tampoco tiene ningún mérito. Y no sólo eso, sino que en el mes de Adar murió el maestro de ellos, Moisés. Evidentemente no es una buena señal para los judíos».

ENFRENTANDO LOS DESIGNIOS
DE LA ASTROLOGÍA

Hamán había calculado exactamente cuándo atacar al pueblo de Israel, y vencerlo, de acuerdo con los designios astrológicos. Pero no tuvo en cuenta que si bien la astrología sirve para saber lo que se ha designado para que acontezca en el mundo, sobre estos designios están los ángeles, que juzgan y determinan las señales que aparecerán en la astrología. Y sobre los ángeles está El Eterno, que gobierna sobre todo y modifica incluso señales astrológicas que ya han sido determinadas y establecidas. Como en el caso de Abraham, que según los designios astrológicos se sabía que no engendraría, pero El Eterno modificó esos órdenes y Abraham engendró hijos.

Aunque aquí, en el caso de Hamán, no fue necesario alterar los órdenes establecidos, porque El Eterno vio lo que acontecería de antemano e invirtió los tantos desde un comienzo, y no permitió que ese hombre malvado hiciera daño a los Hijos de Israel. Pues cuando Hamán echó suertes, él vio que Moisés murió en el mes de Adar, el 7 de ese mes, pero no sabía que también había nacido en un 7 de Adar. Y por tanto no era una mala señal para Israel, sino buena, ya que en ese día había nacido su salvador.

Además, en medio de su alegría por haber encontrado la fecha apropiada para llevar a cabo su maléfico plan, Hamán dijo acerca del signo de Piscis: «Así como los peces se tragan unos a los otros, los más grandes a los más pequeños, del mismo modo yo los tragaré a ellos». Pero El Santo, Bendito Sea, dijo: «¡Perverso! Los peces a veces tragan –cuando hallan otros más pequeños–, y a veces son tragados –por otros más grandes que ellos–. Y ahora, ese hombre será tragado por los que tragan». A esto se refiere lo que está escrito: «En el mes duodécimo, que es el mes de Adar, a los trece días del mismo, cuando debía ser ejecutada la ordenanza del rey y su decreto, el mismo día en que los enemigos de los judíos esperaban ejercer dominio sobre ellos, él se invirtió; porque los judíos ejercieron dominio sobre los que los aborrecían» (Ester 9:1).

UN DESIGNIO ASTROLÓGICO CURIOSO

La declaración bíblica aparentemente revela que hubo un cambio rotundo en la situación y se invirtieron los tantos por completo. O sea, los designios astrológicos no se cumplieron, y sucedió al revés de cómo estaba pronosticado. Sin embargo, los sabios han enseñado que si bien es cierto que en determinadas ocasiones se alteran los designios astrológicos, en este caso no fue exactamente así, sino que hubo un error en la interpretación.

Pues la expresión «él se invirtió», se refiere al día, y manifiesta que desde un comienzo estaba dispuesto en forma invertida, o sea, al contrario de lo que vio Hamán. Tal como enseñó Rabí Tanjuma: «El Eterno no había determinado raer el nombre de Israel de debajo de los Cielos» (II Reyes 14:27), sino que así dijo: «Pues ciertamente borraré el recuerdo de Amalek de debajo de los Cielos» (Éxodo 17:14). «El recuerdo de Amalek», se refiere a Hamán (Midrash Raba: Ester Raba 7:11; Mefarshei Hamidrash).

UN HECHO QUE LLAMA LA ATENCIÓN

Ahora que hemos apreciado los pormenores de lo ocurrido con Hamán, y la salvación de los Hijos de Israel, observaremos la relación de este hecho con el tiempo futuro, y en especial, con el Holocausto.

Hamán echó la suerte sobre el mes octavo, Mar Jeshván, y surgió el mérito de nuestra matriarca Sara, pues ella murió en ese mes. Por esa razón, Hamán lo descartó para llevar a cabo su maligno plan. Sin embargo, cuando echó suerte sobre el mes de Adar, vio que había muerto Moisés en ese mes, y lo consideró apto para atacar a los Hijos de Israel.

¿Por qué consideró la muerte de Moisés y desconsideró la muerte de Sara? ¡Es algo que sorprende!

Los exegetas que explicaron el Midrash también se sorprendieron de esta declaración. Rabí Zehev Wolf escribió: «¡Este asunto requiere un profundo análisis! Pues cuando cayó la suerte en el mes de Adar, Hamán se alegró, porque en el mismo había muerto Moisés; ¿y aquí, en el caso de Sara, lo consideró un mérito? ¿Cómo es posible?».

El exegeta propuso esta solución: «Quizá podríamos suponer que Hamán sabía que ella también había nacido en ese mismo día del mes en el que murió; en cambio, del nacimiento de Moisés no sabía que había nacido en el día del mes en que murió. Pero de todos modos este asunto requiere un profundo análisis».

Se aprecia que se trata de algo sumamente enigmático. Sin embargo, dos milenios más tarde, un hecho estremecedor y revelador permitió descubrir parte de esos secretos. Pues el mismo coincidía con la revelación talmúdica mencionada por Rabí Iehoshúa, quien dijo que si los Hijos de Israel no se rectifican, se levantará un rey cuyos decretos serán tan duros como los de Hamán, y como consecuencia de ello los Hijos de Israel se rectificarán y se convertirán al bien.

UN PRONÓSTICO PRECISO

Las características de Hamán, ya las hemos visto, por lo que conocemos perfectamente las particularidades del rey que se levantaría contra los Hijos de Israel en el futuro. Por lo tanto, tenemos la punta del ovillo en nuestras manos, y ése es un gran avance.

Veamos algunos detalles fundamentales vinculados con este asunto para comenzar a descubrirlo: lo mencionado en el Talmud podría haber sobrevenido en tiempos de Hamán mismo, pero no fue así, porque en ese tiempo los Hijos de Israel se rectificaron, y por lo tanto, quedó pendiente para el futuro, cuando se levantara un rey semejante.

¿De dónde lo sabemos? En el Midrash se explica: en el libro de Ester está escrito: «Hamán le dijo al rey Asuero: hay un pueblo esparcido y apartado entre los pueblos, en todas las naciones de tu reino; y sus leyes son diferentes de las de todo pueblo, y no guardan las leyes del rey, y al rey no le origina ningún beneficio dejarlos vivir. Si parece bien al rey, decrete que sean destruidos; y yo pesaré diez mil talentos de plata a los que realizan la labor, para que sean traídos a los tesoros del rey. Entonces el rey quitó el anillo de su mano, y lo otorgó a Hamán, el hijo de Hamedata, gagueo, opresor de los judíos, y le dijo: La plata que ofreces sea para ti, y asimismo el pueblo, para que hagas de él lo que bien te parezca».

A continuación está escrito: «Entonces fueron llamados los escribas del rey en el mes primero, al día trece del mes, y fue escrito conforme a todo lo que ordenó Hamán, a los arteros del rey, a los oficiales que estaban sobre cada nación y a los ministros de cada pueblo, a cada nación según su escritura, y a cada pueblo según su lengua; en nombre del rey Asuero fue escrito, y sellado con el anillo del rey. Y fueron enviadas cartas por medio de correos a todas las naciones del rey, con la orden de destruir, matar y exterminar a todos los judíos, jóvenes y ancianos, niños y mujeres, en un mismo día, en el día trece del mes duodécimo, que es el mes de Adar, y de apoderarse de sus bienes» (Ester 3:7-13).

Cuando las cartas fueron firmadas, y Hamán regresaba del palacio real, muy alegre, junto con todos sus hombres que estaban alegres como él, se encontraron en medio del camino con Mordejai, que marchaba delante de ellos. En tanto, Mordejai se encontró con tres niños pequeños que regresaban del colegio, y corrió tras ellos.

Hamán y sus hombres sabían que seguramente Mordejai les preguntaría el versículo que habían estudiado aquel día, para deducir cuál sería la suerte de los Hijos de Israel tras el decreto. Pues las naciones conocían ese método de pronosticación y sabían que los sabios de Israel lo utilizaban (*véase* Talmud, Tratado de Guitín 56a y 68a; Tratado de Jaguigá 15a).

Por eso cuando Hamán y sus hombres vieron que Mordejai corría detrás de los niños, fueron detrás de Mordejai, para saber qué les preguntaría. Y también querían oír la respuesta de ellos.

Cuando Mordejai alcanzó a los niños, le solicitó a uno de ellos:

—¡Dime el versículo que has estudiado!

El niño le dijo:

—«No tendrás temor de espanto repentino, ni de Holocausto de malvados cuando venga» (Proverbios 3:25).

Cuando el primero terminó de decir su versículo, lo hizo otro de los niños, dijo:

—Yo he leído hoy este versículo en el colegio, y con él –aún en mi boca– me puse de pie y salí: «Tomad consejo, y será anulado; proferid palabra, y no será firme, porque Dios está con nosotros» (Isaías 8:10).

A continuación el tercer niño dijo este versículo:

—«Y hasta la vejez Yo estaré contigo, y hasta las canas Yo te cargaré; Yo te he hecho, Yo te llevaré, Yo te sostendré y protegeré» (Isaías 46:4).

Cuando Mordejai escuchó esto rio y se puso muy alegre, pues sabía que el Holocausto que quería provocar Hamán no prosperaría, y El Eterno anularía su plan.

Hamán se acercó a Mordejai y le dijo:

—¿Qué significa esa alegría que te sobrevino por las palabras de esos niños?

Mordejai le dijo:

—Por las buenas noticias que me han transmitido, que no debo temer del mal consejo que has tomado contra nosotros.

Inmediatamente Hamán se llenó de ira y dijo:

—¡Echaré mano en primer lugar de estos niños! (Midrash Raba: Ester 7:13).

LA NOCHE DE LOS CRISTALES ROTOS

El mensaje que surge del suceso narrado es claro y evidente, Hamán pretendía eliminar a todo el pueblo judío sin dejar ningún sobreviviente. Sin embargo los Hijos de Israel se salvaron de ese Holocausto, tal como ya hemos dicho. Y en nuestra era, casi dos milenios más tarde, ese suceso se repitió. En el año 1933 el partido nazi, comandado por Adolf Hitler, un hombre cruel y sanguinario, tomó el poder de Alemania y desató un verdadero caos. Al quinto año de su asunción, los nazis cometieron un ataque sin precedentes, sumamente brutal y atroz, contra los israelitas que moraban allí. La ofensiva se inició en la noche del 9 de noviembre de 1938, y se prolongó durante todo ese día, hasta la noche del día 10.

Fue un pogromo bárbaro y devastador. Veinticuatro horas de destrucción y caos en las que saquearon decenas de millares de hogares y comercios judíos. Profanaron los cementerios y destruyeron más de 1.570 sinagogas, no dejando prácticamente ninguna sin destrozar y humillar en toda la nación. Las fuerzas de las S.S. arrestaron a 30.000 judíos y los enviaron a campos de concentración. Además, asesinaron despiadadamente a 91 judíos.

Todo eso se llevó a cabo en un mismo día, al igual que el plan del maléfico Hamán en el pasado, quien echó suerte y quiso eliminar a los Hijos de Israel en un mismo día, en el día 13 del mes duodécimo, que es el mes de Adar, y apoderarse de sus bienes. También los nazis comandados por Hitler quisieron hacer lo mismo. Y el día elegido no fue uno común, sino que escogieron el 9 de noviembre de 1938, que se correspondía con el día 15 de Mar Jeshván de 5699 según el calendario hebreo.

El día 15 es un día en el que muchas veces coinciden las fiestas, cuando las hay en ese mes. Y este mes de Mar Jeshván es el único mes de todo el calendario hebreo en el que no hay fiestas ni alegrías. Por el contrario, desde el punto de vista histórico, ocurrieron en este mes aflicciones y amarguras para el pueblo de Israel. En el día 15 de Mar Jeshván, el malvado Jeroboam, hijo de Nevat, pretendió instaurar una falsa fiesta entre los hebreos, desatando la furia de El Eterno contra Israel (*véase* Sefer Hatodá: *Mar Jeshván*).

Ese fue el día elegido por el gobierno nazi para llevar a cabo el pogromo que fue denominado La Noche de los Cristales Rotos. ¿Coincidencia? De ningún modo. Se trató de un plan astutamente elaborado, y pronosticado por una profecía. Era el origen del Holocausto, la matanza de judíos más terrible que aconteció en toda la historia de la humanidad.

VI

LA LLAVE QUE ABRE LAS PUERTAS DEL ENTENDIMIENTO

A través del suceso mencionado se aclara la razón por la que Hamán desconsideró al mes de Mar Jeshván. No era el momento adecuado para que en el mismo tuviera lugar el Holocausto que planeaba Hamán, sino el Holocausto futuro, que llevó a cabo el malvado Hitler. Y así como Hamán pasó por alto ese mes, en el que en el futuro sucedieron desgracias al pueblo hebreo, lo opuesto sucedió con el mes de Adar, que acerca del mismo él vio la muerte de Moisés, pero no su nacimiento. Por eso consideró que la suerte estaba de su lado en ese mes. Vio lo que debía ver, y lo que no debía le fue impedido de ver.

ANTECEDENTES MAYÚSCULOS

Estos sucesos tienen antecedentes, ya que el ancestro de Hamán, el cruel y maligno Amalek, ya había intentado hacer lo mismo al pueblo hebreo, y vio lo que se le permitía ver, y no vio lo que no se le permitía ver.

Acerca de Amalek está escrito: «Recuerda lo que te hizo Amalek, en el camino, cuando salían de Egipto, que te acometió en el camino y atacó a aquellos de vosotros que iban atrás, a todos los débiles de la retaguardia, cuando estabas desfalleciente y exhausto, y no temió a Dios. Ocurrirá que cuando El Eterno, tu Dios, te dé descanso de todos tus enemigos que te rodean en la Tierra que te da como herencia El Eterno, tu Dios, para poseerla, borrarás la memoria de Amalek debajo de los Cielos. ¡No te olvidarás!» (Deuteronomio 25:17-19).

La declaración: «que te acometió en el camino y atacó a aquellos de vosotros que iban atrás, a todos los débiles de la retaguardia», revela el secreto de cómo encontró Amalek a los Hijos de Israel. Pues en principio no tenía ninguna posibilidad, ya que los hebreos marchaban en medio de una nube que los cubría, y nadie los veía; aunque para gozar de esa condición debían conservar la pureza. Los indignos de viajar en el interior eran expulsados por la nube al exterior. A ellos vio Amalek, y así halló a los Hijos de Israel en medio del desierto.

Es decir, vio sólo lo que se le permitió ver, y en el momento en que se le permitió ver. Y esto sucedió cuando los Hijos de Israel se habían debilitado en lo que respecta a la Torá, que es comparada al agua y al fuego. Como está escrito: «¿Acaso Mi palabra no es como el fuego?» (Jeremías 23:29). Y está escrito: «Venid, todo sediento, al agua» (Isaías 55:1). Y ellos no se ocuparon de la guerra de la Torá, es decir, de estudiarla y llevarla a la práctica como es debido, por eso fueron castigados con sed, como está escrito: «Toda la Asamblea de los Hijos de Israel se desplazó desde el desierto de Sin hacia sus marchas, según la palabra de El Eterno. Acamparon en Refidim, y no había agua para que el pueblo bebiera. El pueblo disputó con Moisés y le dijo: ¡Danos agua para que bebamos! Moisés les dijo: ¿Por qué disputáis conmigo? ¿Por qué ponéis a prueba a El Eterno? El pueblo tuvo allí sed de agua, y el pueblo se quejó contra Moisés y dijo: ¿Por qué nos hiciste subir de Egipto para matarme de sed a mí y a mis hijos y a mi ganado? Moisés clamó ante El Eterno, diciendo: ¿Qué puedo hacer por este pueblo? Otro poco más y me apedrearán. El Eterno le dijo a Moisés: pasa delante del pueblo y toma contigo a algunos de los ancianos de Israel; y toma en tu mano tu vara con que golpeaste el río, y ve. Y he aquí que estaré ante ti allí, junto a la roca de Joreb; tú golpearás la roca y el agua emanará de ella y el pueblo beberá. Así lo hizo Moisés ante los ojos de los ancianos de Israel. Llamó al lugar Masá Umeribá, debido a la disputa –rib– de los Hijos de Israel, y debido a que probaron a El Eterno, diciendo: ¿Acaso El Eterno está entre nosotros, o no?» (Éxodo 17:1-7).

Se aprecia que el pueblo se había debilitado en su fe, en el estudio de la Torá y en la práctica de la misma, y habían hecho enojar a Dios. Por tanto, fueron castigados con sed, y también con fuego, el de la guerra contra Amalek (Or Hajaim en Éxodo 17:8).

En conclusión, el proceso de la guerra contra Amalek consistió de tres etapas: debilitamiento en la Torá, pérdida del sustento y guerra.

SIMETRÍA CON EL HOLOCAUSTO

Hamán era el descendiente de Amalek y siguió el mismo sistema que su antepasado y modelo.

El rey que gobernaba en aquel entonces, en tiempos de Hamán, era Asuero. Dijo Rabí Janina: se llamaba Asuero –en hebreo Ajashverosh–, porque todos se convirtieron en pobres –rashin– en sus días. Esto fue así por causa de los tributos que había impuesto, como está dicho: «El rey Asuero impuso tributo sobre la Tierra» (Ester 10:1).

Esta revelación talmúdica posee una fuente bíblica inobjetable, la que se mencionó, y, además, ello está insinuado en el nombre del rey Ajashverosh, el cual culmina con la locución rosh, que significa pobreza. Es la misma raíz que la de la palabra rashin, que significa «pobres» (Talmud, Tratado de Meguilá 11b, Mefarshei Hatalmud).

Quiere decir que en el suceso de Hamán existieron las mismas razones que con Amalek: debilitamiento en la Torá, pérdida del sustento –crisis económica– y declaración de guerra.

Pero Mordejai se ocupó de impedir que Hamán llevara a cabo su maléfico plan devolviendo la fe y el estudio de la Torá al pueblo. En el Talmud se enseña: está escrito: «Había un hombre judío en la capital Shushán cuyo nombre era Mordejai hijo de Iair, hijo de Shimi, hijo de Kish, hombre *ieminí* –de la tribu de Benjamín–» (Ester 2:5). ¿Qué es lo que realmente pretende enseñar el versículo al mencionar estos nombres? Pues si la intención fuera mencionar su linaje, sería propicio que se citara todo su linaje y se prosiguiera hasta Benjamín –en hebreo Biniamín–. ¡Pero aquí se observa que se saltea en la mitad, parte del linaje! Entonces, ¿cuál es el sentido de estos nombres que fueron mencionados?

Se responde en el Talmud: así fue estudiado: todos esos nombres que fueron mencionados indican características de Mordejai. Al decirse: «hijo de Iair», se señala que era un hijo –un hombre– que iluminó –*eir*– los ojos de Israel mediante su plegaria. Al decir: «hijo de Shimi», se indica que era un hijo –un hombre– que El Eterno escuchó –*shamá*– su plegaria. Al decirse: «hijo de Kish», se señala que golpeó –*hikish*– en los portones de la misericordia y le fueron abiertos (Talmud, Tratado de Meguilá 12b).

LA GRAN REUNIÓN

Además, Mordejai reunió a 22.000 niños y les enseñó la Torá. En el Midrash esto se deduce de una declaración bíblica, como está escrito: «Y el rey dijo a Ester en el banquete –que ella había organizado–, mientras bebían vino: ¿Cuál es tu solicitud, y te será otorgada? ¿Cuál es tu demanda? Aunque sea la mitad del reino, te será concedida. Ester respondió y dijo: mi petición y mi solicitud es ésta: si he hallado gracia ante los ojos del rey, y si place al rey otorgar mi petición y conceder mi solicitud, que venga el rey con Hamán a otro banquete que les prepararé; y mañana haré conforme a lo que el rey ha dicho.

Y ese día Hamán salió alegre y con el corazón contento; pero cuando vio a Mordejai en el portal del palacio del rey, que no se levantaba ni se movía de su lugar por él, se llenó de ira contra Mordejai. Pero Hamán se contuvo y vino a su casa, y mandó llamar a sus amigos y a Zeresh su mujer. Y Hamán les contó la gloria de sus riquezas, y la multitud de sus hijos, y todo lo que el rey lo había engrandecido, y que lo había elevado más que a los príncipes y siervos del rey. Y agregó Hamán: además, la reina Ester no hizo venir con el rey al banquete que ella dispuso a nadie más que a mí; y también para mañana estoy convidado por ella con el rey. Pero todo esto no tiene para mí ningún valor cada vez que veo al judío Mordejai sentado en el portal del rey. Y le dijo Zeresh su mujer y todos sus amigos: que se haga una horca en un árbol de cincuenta codos de altura, y mañana di al rey que cuelguen a Mordejai en ella; y entra alegre con el rey al banquete. Y esto agradó a los ojos de Hamán, e hizo preparar la horca» (Ester 5:6-14).

A continuación está escrito: «Aquella misma noche se le fue el sueño al rey, y dijo que le trajesen el libro de las memorias y crónicas, y que las leyeran en su presencia. Entonces, hallaron escrito que Mordejai había denunciado la conspiración de Bigtán y de Teresh, dos ministros del rey, de la guardia del umbral, que habían procurado atentar contra la vida del rey Asuero. Y dijo el rey: ¿Qué honra o qué distinción se hizo a Mordejai por esto? Y sus oficiales, los servidores del rey, respondieron: nada se ha hecho con él. Entonces el rey dijo: ¿Quién está en el patio? Y Hamán había venido al patio exterior de la casa real, para hablarle al rey para que hiciese colgar a Mordejai en la horca dispuesta en el árbol, que él había preparado. Y los servidores del rey le respondieron: ¡He aquí Hamán está en el patio! Y el rey dijo: ¡Que entre! Entró, pues, Hamán, y el rey le dijo: ¿Qué se hará al hombre cuya honra desea el rey? Y dijo Hamán en su corazón: ¿A quién deseará el rey honrar más que a mí? Y respondió Hamán al rey: Para el varón cuya honra desea el rey, han de traer un vestido real que el rey ha vestido, y un caballo en que el rey ha cabalgado, y se ha de colocar la corona real en su cabeza. Y han de dar el vestido y el caballo en mano de alguno de los príncipes más nobles del rey, y se ha de vestir a aquel varón cuya honra desea el rey, y llevarlo en el caballo por la plaza de la ciudad, y se ha de pregonar delante de él: ¡Así se hará al varón cuya honra desea el rey! Entonces el rey dijo a Hamán: date prisa, toma el vestido y el caballo, como tú has dicho, y hazlo así con Mordejai el judío, que se sienta en el portal del rey; no omitas nada de todo lo que has dicho. Y Hamán tomó el vestido y el caballo, y vistió a Mordejai, y lo condujo a caballo por la plaza de la ciudad, e hizo pregonar delante de él: ¡Así se hará al varón cuya honra desea el rey» (Ester 6:1-11).

EL ESPERADO DESPERTAR

¿Por qué razón en medio de esta tremenda aflicción provocada por Hamán, quien había preparado el árbol para colgar a Mordejai, El Santo, Bendito Sea, quitaba el sueño del rey Asuero, para salvar a Mordejai y los Hijos de Israel, y hacerlo alcanzar la grandeza? Pues está escrito «aquella misma noche», indicándose que en la misma estaba la razón que llevaría a Israel a la salvación. Y la salvación no viene sola, sino que se requiere un despertar de los Hijos de Israel, que clamen y derramen plegarias ante El Santo, Bendito Sea, pidiéndole ayuda.

Pues esto ocurrió en el comienzo de esa misma noche, después de que Hamán terminó de preparar el árbol con la horca, inmediatamente a continuación fue a ver al rey. Y no es posible suponer que durante el día había ido a hablar con el rey para colgar a Mordejai, porque está escrito: «Y le dijo Zeresh su mujer y todos sus amigos: que se haga una horca en un árbol de cincuenta codos de altura, y mañana di al rey que cuelguen a Mordejai en ella; y entra alegre con el rey al banquete». Resulta que ya era de noche, y el malvado Hamán no se pudo contener hasta la mañana y fue a ver a Mordejai, y lo encontró sentado en la casa de estudios junto a los niños que había reunido para realizar ayuno, clamar a El Santo, Bendito Sea, y ocuparse de la Torá (*véase* Midrash Raba: Ester 8:7). Y Hamán había dicho que echaría mano en primer lugar de los niños (*véase* Midrash Raba: Ester 7:13).

NIÑOS ESTUDIANDO

Los niños estaban sentados ante Mordejai, con sus arpilleras sobre sus lomos, y se ocupaban de la Torá. También lloraban y clamaban a El Santo, Bendito Sea.

Entonces Hamán quiso calcular cuántos hombres necesitaría para matarlos, y cuántas armas, y los contó. Halló que había 22.000 niños. Ordenó que los encadenaran con cadenas de hierro, y colocó guardias para que los vigilaran. Tras hacer esto Hamán dijo: «Mañana mataré a estos niños y después colgaré a Mordejai».

Las madres se habían enterado de lo que había sucedido y les traían a sus hijos pan y agua, y les decían: «Hijos míos, comed y bebed, porque mañana moriréis —asesinados por la fuerza, por el decreto de Hamán— y no habéis de morir ahora a causa del hambre —por vuestra propia voluntad—».

Pero los niños pusieron sus manos sobre sus libros y juraron: «Por la vida de nuestro maestro Mordejai, no comeremos ni beberemos, sino que moriremos en medio de nuestro ayuno». Clamaron todos en medio de un doloroso llanto, y su clamor subió a los Cielos. Y El Santo, Bendito Sea, oyó su clamor como a la segunda hora de comenzada la noche, cuando entraba la tercera hora, que es el momento en que El Santo, Bendito Sea, ruge como un león y recuerda a sus hijos. Tal como enseñó Rabí Eliezer, quien dijo que en la noche hay tres guardias. Y en cada una de las mismas, el Santo, Bendito Sea, se sienta y ruge como un león en signo de aflicción por la destrucción del Templo Sagrado y el exilio de Israel, como está escrito: «El Eterno rugirá desde lo Alto, y desde su santa morada dará su voz; rugir rugirá por su casa» (Jeremías 25:30) (Talmud, Tratado de Berajot 3a).

En ese momento, El Santo, Bendito Sea, se llenó de piedad, dejando de lado los reclamos de la medida de la justicia, se levantó de su Trono de justicia, y se sentó en su Trono de misericordia. Dijo: «¿Qué es esa gran voz que oigo, como de cabritos y corderos?». Moisés se puso de pie ante El Santo, Bendito Sea, y dijo: «¡Amo del mundo! ¡No son cabritos ni corderos, sino los pequeños de Tu pueblo; ellos están hoy en medio de ayuno, y –ayunan– desde hace tres días y tres noches, encadenados con cadenas de hierro. Y mañana el enemigo desea degollarlos como si fueran cabritos y corderos!».

En ese momento El Santo, Bendito Sea, tomó esas cartas que contenían la sentencia de la Corte de lo Alto contra ellos, y estaban selladas con sello de barro –es decir, un sellado provisorio– y las quebró. Volvió atrás la cavilación de Hamán en su misma cabeza, e hizo caer temor sobre el rey Asuero en esa noche. A esto se refiere lo que está escrito: «Aquella misma noche se le fue el sueño al rey, y dijo que le trajesen el libro de las memorias y crónicas, y que las leyeran en su presencia» (Midrash Raba: *Ester* 9:4).

EL SACRIFICIO DE LOS NIÑOS

Hay algo más que debe saberse acerca de esta notable actitud asumida por los niños, y también del cambio de modo de actuar de Hamán. Pues hasta ahora hemos mencionado el asunto en forma general, pero en el Midrash se narran detalles puntuales de ambos sucesos, los cuales están relacionados uno con el otro; y la actitud de los niños fue la causa para que El Santo, Bendito Sea, hiciera cambiar a Hamán de parecer en forma milagrosa.

En el Libro de Ester está escrito: «Entonces el rey dijo a Hamán: date prisa, toma el vestido y el caballo, como tú has dicho, y hazlo así con Mordejai el judío, que se sienta en el portal del rey; no omitas nada de todo lo que has dicho». En el texto original hebreo, antes de la declaración: «el caballo» y antes de la declaración: «el vestido», está escrita la preposición «a –et–». O sea, literalmente está escrito: «a el vestido y a el caballo». Y se sabe por tradición que siempre que se incluye la proposición «a –et–», en el texto bíblico, la finalidad es para incrementar algo adicional además de lo que manifiesta el sentido llano del texto. Quiere decir que además del vestido y el caballo, había otras cosas adicionales. ¿Cuáles eran?

Cuando Hamán se dirigió a hacer lo que el rey le había ordenado, avisaron a Mordejai de que su enemigo venía. Entonces Mordejai temió en gran manera por los niños que estaban con él; ya que Hamán había dicho que echaría mano de ellos en primer lugar, antes de colgar a Mordejai y antes de eliminar a todos los demás judíos de esa generación, como planeaba.

Mordejai estaba sentado y los niños delante de él, ocupándose todos del estudio de la Torá. Entonces, dijo a sus discípulos:

—¡Hijos míos, corred y apartaos de aquí para que no os queméis con mi brasa, pues el malvado Hamán viene para matarme, y si os viere os matará primero a vosotros, como ha dicho ayer!

Ellos le dijeron:

—¡Si tú mueres, moriremos contigo!

Mordejai les dijo:

—Si es esa vuestra voluntad, pongámonos de pie para orar, y despidámonos de este mundo en medio de oración.

Entonces, Mordejai se envolvió en su manto de oraciones y comenzó a orar y a derramar sus súplicas ante El Santo, Bendito Sea.

Hamán entró y se sentó ante ellos y aguardó hasta que acabaran de orar. Al terminar, comenzaron a estudiar la Torá; se ocuparon de las leyes de la ofrenda del *omer,* es decir, la medida de la nueva cosecha de cebada que se presentaba en el Templo Sagrado en la primavera. Pues ese día era dieciséis de Nisán, que es cuando se ofrecía la ofrenda del *omer* en tiempos en que el Templo Sagrado estaba en pie. Y ellos se hallaban en el exilio babilónico, después de que el Templo Sagrado había sido destruido. Por esa razón estudiaban ese tema, ya que estando destruido el Templo, al ocuparse del estudio de ese precepto, la persona se compenetra con el mismo y ese acto es muy valorado por El Santo, Bendito Sea.

LA CURIOSIDAD DEL ENEMIGO

Hamán se acercó a ellos y les dijo:

—¿De qué os ocupáis?

Los niños le dijeron:

—Del precepto de la ofrenda del *omer* que los Hijos de Israel ofrecían el día de hoy cuando el Templo Sagrado estaba en pie. A esto se refiere lo que está escrito: «Cuando traigas una ofrenda vegetal de las primicias para El Eterno, de espigas maduras, tostadas al fuego, molida de semillas gordas, ofrecerás la ofrenda vegetal de tus primicias» (Levítico 2:14). Este versículo se refiere a la ofrenda del *omer.*

Hamán les dijo:

—Ese *omer* que me habéis mencionado, ¿es de oro o de plata?

Los niños le dijeron:

—No es de oro ni de plata, ni tampoco de trigo, sino de cebada. Es decir, un producto común y no uno importante, ya que la cebada se da a los animales.

Hamán les dijo:

—¿Cuál era su cotización? ¿Acaso diez talentos de plata?

Los niños le respondieron:

—Para el que aumente, es suficiente con que el precio sea de diez siclos solamente.

Hamán les dijo:

—¡Levantaos del polvo y la ceniza, pues diez monedas vuestras, las que corresponden con vuestro estudio que estabais llevando a cabo, y a través del mismo procuráis la expiación de vuestro Dios, han vencido a mis diez mil talentos de plata que he dado a Asuero para exterminaros.

HAMÁN Y MORDEJAI

Cuando Mordejai culminó de orar, Hamán le dijo:

—¡Viste esta vestimenta real, ponte esta corona del rey y monta sobre este caballo, porque el rey quiere tu honor!

Mordejai le dijo:

—¿Acaso es posible que una persona deprecie las vestimentas reales vistiéndolas sin bañarse? ¿Acaso no sabes que llevo tres días vistiendo arpillera y estando sentado en ceniza por lo que me has hecho? ¡Llévame primero a la casa de baño, y estaré en condiciones de hacer lo que dices!

Hamán fue con él a la casa de baño y buscó un bañero para que lo atendiera, pero no encontró ninguno. Pues al enterarse la reina Ester de lo que su esposo, el rey Asuero, había mandado hacer a Mordejai a través de Hamán, ella envió decir a toda la ciudad que nadie abriera ningún comercio ni casa de baño.

Entonces Hamán mismo se ocupó de hacerlo entrar a Morejai a la sala de baño para que se bañara, y se ocupó de asistirlo durante el bañado.

Cuando Mordejai salió de tomar el baño, y estuvo listo, Hamán le dijo que vistiera las ropas reales, y él lo hizo. Después Hamán le dijo:

—¡Ponte esta corona!

Y Mordejai le respondió:

—¿Acaso es posible que una persona deprecie al rey vistiendo la corona real sin cortarse el cabello previamente?

Hamán buscó un barbero pero no halló ninguno. Por tal razón fue a su casa y trajo de allí unas tijeras, y con las mismas le cortó el cabello a Mordejai. Y mientras Hamán hacía esto suspiraba reiteradamente. Entonces Mordejai le dijo:

—¿Por qué suspiras?

Hamán le dijo:

—¡Ay de mi padre! Pues yo era considerado un hombre importante para el rey, más que todos los ministros del reino, y ahora soy igual que un bañero y un barbero.

Mordejai le dijo:

—Por eso te he preguntado, ¿acaso no sé yo que tu padre ha sido bañero y barbero en la aldea Karianus, y tú has hallado las herramientas de barbería de él y con ellas me estás cortando el cabello? Y además, tú mismo has sido barbero en la misma aldea durante veintidós años, hasta que el rey te engrandeció. Siendo así, ¿por qué suspiras ahora?

HONOR REAL

Cuando Hamán terminó de cortarle el cabello, Mordejai aceptó colocarse la corona real. Entonces Hamán le dijo:

—¡Levántate! ¡Monta sobre este caballo!

Mordejai le dijo:

—No tengo fuerzas, pues soy anciano.

Hamán le dijo:

—¿Y acaso yo no soy anciano?

Mordejai le dijo:

—¿Acaso tú no has provocado esto sobre ti mismo, después de que yo ya hace tres días que estoy ayunando por lo que me has hecho? ¡Tú debes cargar con las consecuencias de lo que has provocado!

Hamán le dijo:

—Acércate y yo me agacharé, entonces pondrás tu pie sobre mi dorso y subirás al caballo. Así se cumplirá lo que está escrito en vuestra Torá: «Bienaventurado eres, Israel: ¡Quién es como tú! Pueblo salvado por El Eterno, el Proveedor de tu ayuda, Quien es la Espada de tu grandeza; tus enemigos tratarán de engañarte, mas tú pisotearás a sus altivos» (Deuteronomio 33:29)» (Midrash Raba: *Ester* 10:4).

GRAN CAOS, TODO INVERTIDO

En el Talmud se narra otra desventura de Hamán vinculada con este suceso que también es importante conocer. Se abre con un versículo en el que se describe lo que hizo Hamán con Mordejai por orden del rey, como está escrito: «Y Hamán tomó el vestido y el caballo, y vistió a Mordejai, y lo condujo a caballo por la plaza de la ciudad», y a continuación está escrito en el mismo versículo: «e hizo pregonar delante de él: ¡Así se hará al varón cuya honra desea el rey!» (Ester 6:11).

Se aprende de aquí que cuando Hamán tomó las riendas del caballo y marchaba por el sendero lindante con su casa, fue visto por su hija, que estaba sobre la azotea. Ella pensó que el que montaba sobre el caballo era su padre Hamán, y el que iba adelante era Mordejai, por eso tomó el recipiente de arcilla del excusado, y lo lanzó sobre la cabeza de su padre, creyendo que era Mordejai. Hamán alzó sus ojos, y su hija vio que era su progenitor; en ese momento ella supo que había lanzado el recipiente sobre la cabeza de su propio padre. Por eso se arrojó de la azotea a tierra y murió. A esto se refiere lo que está escrito a continuación del versículo citado: «Mordejai volvió al portal –de la casa– real» (Ester 6:12). Dijo Rav Sheshet: volvió a su bolsa de arpillera y ayuno, pues era el tercer día de su ayuno, «y Hamán se dio prisa para irse a su casa, dolido –*avel*– y cubierta su cabeza» (ibíd.). «Dolido», por su hija que había caído de la azotea y como consecuencia de ello murió, «y cubierta su cabeza», por lo que le había ocurrido a él (Talmud, Tratado de Meguilá 16a).

Así se invirtió todo, los niños se salvaron y también Mordejai. Pero, además, este estudio de la Torá llevado a cabo por Mordejai con sus discípulos sirvió para conseguir la unión de los Hijos de Israel, el retorno de ellos a El Eterno, y a Su Torá, y conseguir la rectificación. Por eso fue evitado el Holocausto que pretendía llevar a cabo Hamán, matando a todo el pueblo judío en un solo día.

UN HOLOCAUSTO SEMEJANTE

Tal como ocurrió en tiempos de Hamán, sucedió también en tiempos del Holocausto nazi. Y esos hechos coinciden con lo pronosticado por Rabí Iehoshúa, quien dijo que si los Hijos de Israel no se rectifican, vendría un rey malvado como Hamán para hacerlos retornar a El Eterno.

El conocido sabio Eljanán Vaserman vivió en la época del Holocausto nazi, y fue asesinado a causa de él. Pero antes de morir, y previamente a que se desatara el caos, vio lo que estaba sucediendo y advirtió a la población de que se rectificaran, aclarándoles que de lo contrario sobrevendría un Holocausto.

El citado sabio describió en su libro *Ikveta Demeshija* el debilitamiento de la Torá por parte de los Hijos de Israel, y la severa crisis económica mundial que atravesaban en esa época. Asimismo, narró las graves divisiones internas que había en el pueblo.

EL HORROROSO HOLOCAUSTO

Después sobrevino el Holocausto, que comenzó en 1938, con la Noche de los Cristales Rotos, y fue interrumpido en el año 1945 por el triunfo de las fuerzas aliadas.

Este hecho histórico, como dijimos, concuerda perfectamente con lo pronosticado por Rabí Iehoshúa, pues su pronóstico coincide exactamente con lo ocurrido en la Noche de los Cristales Rotos, y la posterior hecatombe del Holocausto. Y no sólo eso, sino que se cumplió también la segunda parte de su predicción, ya que después de la guerra, y tras la milagrosa salvación del remanente hebreo de las manos de los soldados nazis, comenzó una nueva etapa para el pueblo hebreo: la del retorno a la fe ancestral.

VII

EL SECRETO DEL RENACIMIENTO
DE LA FE

Después del Holocausto los Hijos de Israel se dieron cuenta de que no había reino ni seres humanos en quienes pudieran confiar para que los defendieran, simplemente porque esas personas no tenían el poder suficiente para hacerlo. La salvación y los designios del destino evidentemente provenían de más allá, de lo Alto. Entonces, comenzaron a rectificarse y retornar a El Eterno.

Por entonces, la Tierra de Israel estaba vacía de Torá. Ya que los hebreos habían sido exiliados con la destrucción del Segundo Templo Sagrado, y debieron vivir lejos de su Tierra durante muchos años, cerca de dos milenios. Allí en la Diáspora, los Hijos de Israel sufrieron todo tipo de persecuciones, pobreza, aislamiento y desprecio. Al mismo tiempo, la asimilación comenzó a crecer año tras año, y antes de la masacre nazi el declive había llegado a su punto máximo, pues a finales del siglo XIX había comenzado a implantarse en Alemania la reforma del judaísmo.

Este hecho significaba una división entre el mismo pueblo judío, ya que se anulaba deliberadamente parte de la tradición milenaria para crear un nuevo modelo, diferente del original. En esa época el caos era total. Tras esta innovación sobrevino la invasión nazi, la opresión, la masacre y, finalmente, como dijimos, se produjo una milagrosa tendencia a la rectificación.

Durante todo el tiempo que los Hijos de Israel estuvieron ausentes, la Tierra Santa permaneció infértil, se había convertido en una región desértica y árida. No produjo frutos ni vegetación, sólo cardos y espinos. Pero después de la guerra, ocurrió algo maravilloso e inesperado. En 1947 las Naciones Unidas aprobaron la formación de un estado judío en el mismo lugar donde históricamente habían morado sus ancestros, en la Tierra de Israel. En el año 1948 se declaró la independencia de Israel y la tierra empezó a poblarse rápidamente. Los colonos comenzaron a estudiar la Torá y a abrir centros de estudios de Torá y sinagogas.

La cantidad de fieles creció a paso firme. Cada día el fervor por el estudio y el deseo de superarse espiritualmente aumentaba más y más. Además, la tierra había dejado de producir cardos y espinos, y con el regreso de los Hijos de Israel comenzaron a crecer hermosos vegetales, y los árboles empezaron a producir magníficos frutos. Era algo increíble, milagroso. En pocos años, el territorio se pobló de millares de descendientes de los Hijos de Israel provenientes de los lugares más distantes del globo terráqueo.

En la actualidad, sesenta años después del histórico hecho, pueden apreciarse en la Tierra de Israel más de 1.570 sinagogas e instituciones en las que se enseña la Torá en forma dedicada e intensiva. Incluso existen academias que albergan a miles de alumnos, como Mir, donde estudian diariamente varios miles de jóvenes. Lo destruido en el Holocausto fue construido después en la Tierra de Israel, y el judaísmo reverdeció.

UN PARALELO IDEAL

Este despertar surgido después de la Segunda Guerra Mundial también repercutió en el resto del mundo. Una de las naciones donde más se notó el avance fue en Estados Unidos, donde a partir de ese suceso narrado muchas personas comenzaron a volcarse en el estudio de la Torá. Se abrieron al público instituciones, colegios, sinagogas, que se vieron colmadas de fieles en muy poco tiempo. El crecimiento fue simultáneo al de la Tierra de Israel.

En la actualidad, hay en Estados Unidos millares de fieles que estudian la Torá y rigen sus vidas de acuerdo a la misma. También pueden verse grandes barrios poblados en su integridad por familias devotas.

Todo esto quiere decir que como fue pronosticado, un rey con características como las del malvado Hamán pretendió borrar a los Hijos de Israel de la faz de la Tierra. Y al hallarse indefensos en medio de la barbarie, muchos se dieron cuenta de que no hay nadie en quien confiar, sino únicamente El Eterno y comenzaron a volver a Él.

VIII

REGRESO A CASA

El gran cambio ya se había producido; contra todos los pronósticos, en los años que siguieron a la guerra muchos de los Hijos de Israel abandonaron sus hábitos seculares y su vida pagana y se acercaron a los preceptos de El Eterno. Y con el paso de los años esa tendencia creció cada vez más hasta que se hizo masiva.

Ahora falta que se cumpla la profecía de la Redención Final para que la felicidad sea completa. Y para que ello ocurra pronto, debe haber unión de todos en la fe ancestral, pues si bien existen muchos, muchísimos, millares de los Hijos de Israel que volvieron a sus fuentes, aún quedan muchos millares afuera. Y así como se pronosticó la venida de un rey como Hamán, también se pronosticó que el Mesías no vendrá hasta que la generación sea totalmente meritoria o totalmente culpable (*véase* Talmud, Tratado de Sanhedrín 98a).

Los eruditos contemporáneos hablan constantemente de este asunto, y todos coinciden en que estamos muy cerca de la gran revelación. En el Zohar se dijo: cuando los días del Mesías estén cercanos, incluso los niños hallarán los misterios de la sabiduría, y sabrán a través de ellos lo tocante al final y los cálculos correspondientes. Y en ese tiempo ese asunto –de la venida del Mesías– se revelará para todos (I Zohar 118b).

UN SUEÑO PECULIAR

Un hecho vinculado con este asunto, y que acaparó la atención popular, fue el sueño que tuvo el famoso rabino Ovadia Iosef. Contó que vio al Mesías en el Muro de Jerusalén, y habló con él:

—Le pregunté al Mesías: ¿por qué no te revelas ya? Nosotros padecemos, y estamos todos inmersos en aflicción.

El rey Mesías me respondió con estas palabras:

—Porque hay un millón de niños judíos que no recitan la alabanza «Oye Israel», por eso no vengo (Yediot Ajaronot 27/06/2001; Haaretz 27/06/2001).

LA UNIÓN DE TODOS

Considérese que la necesidad de unión tras la pérdida de la fe fue uno de los mensajes más importantes que dejó el Holocausto. Observad esta asombrosa coincidencia: el Holocausto comenzó con la Noche de los Cristales Rotos, siendo ese un pogromo bárbaro y devastador, llevado a cabo en un solo día. En esa masacre, además de los saqueos, las capturas en masa y los ultrajes, fueron asesinados 91 judíos.

¿Por qué precisamente 91? Se sabe que todo lo que ocurre en el mundo tiene una razón oculta. Y ese número, 91, está directamente asociado a El Santo, Bendito Sea, y encierra la base de la fe. Considérese que los sabios, de bendita memoria, han explicado que 91 es el número que representa la unión y la completitud del Tetragrama, el Nombre de El Santo, Bendito Sea, de cuatro letras, tal como se escribe, y tal como se pronuncia.

Se escribe mediante las letras hebreas *iud–he–vav–he*.

י	=	10
ה	=	5
ו	=	6
ה	=	5
		26

Se pronuncia mediante las letras hebreas *alef–dalet–nun–iud.*

א	=	1
ד	=	4
נ	=	50
י	=	10
		65

26 + 65 = 91

EL NÚMERO DE LA FE

Noventa y uno es, además, el número de la fe. En hebreo, la palabra *amén,* que es la raíz de la fe, posee un valor numérico igual a 91.

Amén, en hebreo se escribe así:

אמן

Éste es su valor numérico

א	=	1
מ	=	40
נ	=	50
		91

Este dato indica que el golpe sobrevenía porque la fe se estaba perdiendo. Y la historia lo demuestra ya que, tal como dijimos previamente, a finales del siglo XIX, había comenzado a implantarse en Alemania la reforma del judaísmo, y con el paso de los años cobraba cada vez mayor fuerza. Este hecho significaba una división entre el pueblo judío mismo, la pérdida de la fe absoluta e indivisible. Y el número, 91, era un aviso clave y evidente. Recordad lo que dijo el sabio Eljanán Vaserman poco antes de que sobreviniera el Holocausto: «¡Vosotros habéis perdido la fe en el Creador del mundo y en su Torá [...] Y ahora observad cómo es posible conducirse en un mundo sin fe».

Resulta que todo lo que ocurrió tenía por objetivo despertar a las personas para que recuperaran la fe en El Santo, Bendito Sea, y unificaran su Nombre, el Tetragrama. Y eso se logra con conocimientos, y con amor, estando todos unidos, como uno. Pues el Templo Sagrado fue destruido por el odio injustificado entre las personas, y para que sea reconstruido, esa falla debe rectificarse. Así se evitará que sobrevenga otra desgracia como la del Holocausto, y una Tercera Guerra Mundial, tal como se anunció en los libros de los profetas y el Talmud.

Por lo tanto, para conocer la raíz del declive, la destrucción del Templo Sagrado a través del odio injustificado y la venida del Holocausto para despertar a las personas, debemos conocer exactamente qué sucedió en aquella época. Por eso observaremos la cita talmúdica que revela ese asunto.

LA HISTORIA DE KAMTZA Y BAR KAMTZA

Jerusalén fue destruida por causa de Kamtza y Bar Kamtza. Pues en Jerusalén había un hombre que era amigo de Kamtza, y estaba enemistado con Bar Kamtza. Ese hombre organizó un banquete y dijo a su asistente:

—Ve y tráeme a Kamtza.

El asistente fue, y se confundió, y trajo a Bar Kamtza.

Bar Kamtza fue al banquete, y cuando el anfitrión lo vio allí sentado, le dijo:

—Tú eres mi enemigo, ¿qué buscas aquí?

E inmediatamente le dijo:

—¡Levántate y vete!

—Ya que he venido, déjame y te pagaré por lo que coma y beba –le dijo Bar Kamtza.

—¡No! –respondió el anfitrión.

Bar Kamtza volvió a implorarle, le dijo:

—Te pagaré la mitad del banquete.

—¡No! –respondió el anfitrión.

Bar Kamtza insistió y dijo:

—Te pagaré todo el banquete.

El anfitrión le respondió:

—¡No! Y lo cogió con sus manos, lo levantó y lo echó fuera.

Después de ser echado, Bar Kamtza dijo:

—Ya que los sabios estaban sentados allí, y no le reprocharon por lo que hizo, significa que estaban de acuerdo.

Entonces dijo:

—Iré a ver al emperador y los acusaré.

LA VENGANZA

Bar Kamtza, como lo había planeado, fue a ver al emperador romano, y le dijo:

—Los judíos se han rebelado contra ti.

—¿Quién lo dice? —le contestó el emperador.

Entonces Bar Kamtza le dijo:

—Envíales una ofrenda, y ve si la ofrendan.

El emperador envió a través de él una vaca selecta, y Bar Kamtza salió en dirección a Jerusalén con el animal. Cuando llegaba, provocó en el animal un defecto en sus labios, y se dijo también que le dañó una parte del ojo.

Hizo esto porque para los gentiles no es considerado un defecto, ya que el animal está entero, sin que le falte ningún miembro, pero para los Hijos de Israel es considerado un defecto y no lo pueden ofrecer como ofrenda sobre el altar.

Los sabios pensaron que de todos modos era propicio ofrecerlo, en aras de la paz con el Imperio Romano. Pero Rabí Zejaria, hijo de Abkulas, les dijo:

—Se dirá que los animales defectuosos pueden ser ofrecidos sobre el altar.

Pensaron en matarlo, a Bar Kamtza, para que no fuera y le contara al emperador, pero Rabí Zejaria, hijo de Abkulas, les dijo:

—Se dirá que quien provoca un defecto a un animal consagrado merece la pena capital.

Bar Kamtza fue y contó al emperador romano que los judíos no quisieron ofrecer su animal porque se habían rebelado contra él. Entonces el emperador ordenó destruir el Templo Sagrado, quemarlo y exiliar a los Hijos de Israel de su Tierra.

Dijo Rabí Iojanán:

—La tolerancia de Rabí Zejaria, hijo de Abkulas, ha destruido nuestra Casa, y ha quemado nuestro Palacio, y nos ha exiliado de nuestra Tierra.

LA CONQUISTA DE JERUSALÉN

El emperador romano envió a Nerón con sus legiones. Cuando llegó, Nerón arrojó una flecha en dirección este, y la misma cayó en Jerusalén. Arrojó una flecha en dirección oeste, y la misma cayó en Jerusalén. Y así ocurrió con los cuatro puntos cardinales, la flecha siempre cayó en Jerusalén.

Nerón dijo a un niño pequeño que estaba allí:

—Dime el versículo que hay en tu boca.

El niño le dijo:

—«Y pondré mi venganza contra Edom en manos de mi pueblo Israel, y harán en Edom según mi enojo y conforme a mi ira; y conocerán mi venganza, dice El Señor, Dios» (Ezequiel 25:14).

A través de este versículo se anunciaba que los de Edom destruirían el Templo Sagrado, y después El Santo, Bendito Sea, tomaría venganza contra ellos por medio de su pueblo, Israel.

Nerón se dijo:

—¿El Santo, Bendito Sea, se dispone a destruir su Casa, y limpiar sus manos con este hombre –en alusión a él mismo–?

Después de reflexionar, Nerón huyó y se convirtió al judaísmo. Y de él salió Rabí Meir.

El emperador se enteró de que Nerón había abandonado el mando de las tropas y envió a Aspasiano. Él sitió la ciudad de Jerusalén durante tres años.

TRES HOMBRES RICOS

En aquel entonces había en Jerusalén tres hombres adinerados, llamados: Nakdimón Ben Gurión, Ben Kalva Sabúa y Ben Tzitzit Haksat.

Nakdimón Ben Gurión era llamado así porque el curso del Sol se alteró por él, como fue enseñado por los sabios: en una ocasión, todos los pobladores de Israel habían ascendido a Jerusalén para celebrar la festividad. A su vez, en ese tiempo había sequía en aquellas tierras. Nakdimón Ben Gurión consideró la situación y decidió dirigirse a uno de los hombres adinerados que vivía en el lugar, y poseía agua. Al llegar y estar frente a él le dijo:

—Préstame doce fuentes de agua para los que ascienden a celebrar la festividad y yo te devolveré doce fuentes de agua.

En otras palabras, le garantizó que descendería lluvia y llenaría sus fuentes, de modo que no sufriría ninguna pérdida. Pero para tranquilizarlo por completo, Nakdimón le dijo:

—Y si no te lo concedo, te daré doce panes de plata.

Nakdimón fijó un tiempo y se despidió del dueño de las fuentes.

Después de celebrarse la festividad llegó el día del pago y no descendieron lluvias. Por eso el propietario de las fuentes envió por la mañana un representante para que le dijese a Nakdimón:

—¡Envíame al agua o el pago!

Nakdimón no se inquietó y le contestó con absoluta serenidad:

—Aún dispongo de tiempo, el día apenas comienza.

El dueño de las fuentes de agua aguardó hasta el mediodía y volvió a enviar un representante para que le dijese a Nakdimón:

—¡Envíame al agua o el pago!

Nakdimón tampoco esta vez dio muestras de impaciencia ni desesperación, y le dijo:

—Aún hay tiempo por delante en este día.

Al atardecer, el propietario de las fuentes envió nuevamente un representante para que le dijese a Nakdimón:

—¡Envíame al agua o el pago!

Nakdimón se mantuvo firme y esperanzado, y le dijo:

—Aún hay tiempo por delante en este día.

El dueño de las fuentes de agua se burló de él y dijo:

—En todo el año no han descendido lluvias, ¿y ahora acaso so descenderán?

Después de decir eso entró a la casa de baño rebosante de alegría, considerando que Nakdimón le pagaría una gran suma de dinero por el agua.

Mientras el hombre entraba en la casa de baño rebosante de alegría, Nakdimón entraba en el Templo Sagrado preocupado y afligido. Se envolvió en su manto de oraciones, y comenzó a derramar su plegaria ante El Eterno. Dijo:

—Amo del mundo, es sabido y manifiesto ante Ti que no lo he hecho por mi propio honor, ni tampoco por el honor de la casa de mi padre, sino que lo he hecho por Tu propio honor, para que hubiera agua disponible para los que ascendían a celebrar la festividad.

Inmediatamente después de que Nakdimón acabara de derramar su súplica ante El Eterno, los Cielos se encapotaron, descargando una fuerte lluvia que llenó completamente las doce fuentes de agua, y sobrepasó la medida original.

El propietario de las fuentes salió de la casa de baño, y Nakdimón salió del Templo Sagrado. Se encontraron, y Nakdimón le dijo:

—¡Págame el excedente de agua que hay en tus fuentes!

El hombre le contestó:

—Yo sé que el Santo, Bendito Sea, no alteró el curso de su mundo, sobre el cual se había determinado una intensa sequía, sino por ti. Pero aún poseo un argumento para presentar, el cual es determinante para que me pagues: ya se ha puesto el sol; las lluvias descendieron tras la caída de la tarde, dentro de mi tiempo.

Nakdimón abandonó al hombre y volvió al Templo Sagrado, se envolvió nuevamente en su manto de oraciones y comenzó a derramar su plegaria ante El Eterno. Dijo:

—Amo del mundo, manifiesta que posees amados en tu mundo.

En otras palabras, le pidió a Dios: «Haz un milagro para que se vea que le he pagado las aguas dentro del plazo estipulado».

Inmediatamente después de esta suplica de Nakdimón, las nubes se esparcieron y brilló el sol, revelando públicamente que aún no había culminado el día.

En ese momento el propietario de las fuentes dijo:

—Si no fuera porque el sol se abrió paso entre las nubes, hubiese tenido un argumento para tomar de ti mi dinero.

EL VERDADERO NOMBRE

Los sabios recibieron por tradición que, en realidad, el nombre de Nakdimón no era ése, sino Buni. ¿Y por qué era llamado Nakdimón? Porque el sol se abrió paso entre las nubes y brilló por su causa fuera del tiempo asignado naturalmente. Se abrió paso en hebreo se dice: *nikdemá*, que da origen al nombre Nakdimón (*véase* Talmud, Tratado de Taanit 19b).

En cuanto a los otros dos hombres adinerados mencionados, Ben Kalva Sabúa y Ben Tzitzit Haksat, tampoco esos eran sus nombres originales. ¿Y por qué eran llamados así? Ben Kalva Sabúa, porque *kalva* significa «perro», y *sabúa,* significa «saciado». Era un hombre generoso que invitaba continuamente a huéspedes, y todo el que entraba a su casa con hambre canina salía de allí satisfecho y saciado. Y Ben Tzitzit Haksat era llamado así, porque los flecos –*tzitzit*– de su vestimenta se deslizaban sobre alfombras –*keset*– y no tocaban el suelo. Además, se dice que Ben Tzitzit Haksat era llamado así porque su asiento –*kise*– estaba dispuesto entre los hombres poderosos del Imperio Romano.

BUEN CORAZÓN Y TAMBIÉN DIVISIÓN

Uno de esos tres hombres adinerados dijo:

—Yo sustentaré a todos los moradores de Jerusalén con trigo y cebada.

Otro dijo:

—Yo sustentaré a todos los moradores de Jerusalén con vino, sal y aceite.

El tercero dijo:

—Yo proveeré de leña a todos.

Los sabios elogiaron al hombre que ofreció proveer de leña a todos. ¿Por qué razón? Tal como se dijo de Rab Jisda, que entregaba todas las llaves de sus depósitos a su sirviente, con excepción de las llaves de los depósitos de leña. Pues él decía:

—Por cada depósito de trigo se necesitan sesenta depósitos de leña.

Esos tres hombres adinerados que había en Jerusalén podían proveer de las necesidades básicas a toda la ciudad durante veintiún años.

Pero, a su vez, había en Jerusalén hombres pendencieros y belicosos. Los sabios les dijeron:

—Salgamos y hagamos la paz con los del Imperio Romano.

Los hombres pendencieros y belicosos se opusieron y no permitieron que se hiciera conforme a la propuesta de los sabios, y les dijeron:

—Salgamos y guerreemos contra ellos.

Los sabios les dijeron:

—No disponemos del apoyo necesario.

Los pendencieros y belicosos se levantaron y quemaron los depósitos de trigo y cebada, para que se vieran obligados a salir y guerrear. Y hubo hambre en Jerusalén.

HAMBRE EN JERUSALÉN

A raíz de la falta de alimento, y la imposibilidad de salir de la ciudad, el hambre había aumentado mucho. Una de las escenas conmovedoras que se vieron fue la de Marta, la hija de Baitós, que era una de las mujeres más adineradas de Jerusalén. Ella envió a su sirviente para que le consiguiera alimento, le dijo:

—¡Ve y tráeme sémola!

Ella le encargó ese producto para hacer pan blanco. Y el sirviente se dirigió al mercado deprisa, pero cuando llegó se encontró con que toda la sémola ya se había vendido. Entonces, volvió a su ama y le dijo:

—No hay sémola para hacer pan blanco, ya se ha vendido, sólo hay harina no cernida para hacer pan integral.

Ella le dijo:

—¡Ve y tráeme harina no cernida!

El sirviente fue al mercado y, cuando llegó, se encontró con que toda la harina no cernida ya se había vendido. Entonces, volvió a su ama y le dijo:

—No hay harina no cernida, sólo hay harina de cebada.

Ella le dijo:

—¡Ve y tráeme harina de cebada!

El sirviente fue al mercado y, cuando llegó, se encontró con que toda la harina de cebada ya se había vendido. Entonces, volvió a su ama y le dijo:

—No hay harina de cebada.

En ese momento, Marta estaba descalza y dijo:

—Saldré e iré yo misma para ver si encuentro algo de comer.

Mientras Marta andaba, se le adhirió a su pie descalzo estiércol de animal y ella, que era muy delicada, falleció en el acto.

Rabí Iojanán, el hijo de Zakai, recitó sobre ella el versículo que declara: «La mujer fina y delicada entre vosotros, que por su delicadeza y suavidad jamás intentó apoyar la planta de su pie sobre la tierra [...]» (Deuteronomio 28:56).

Hay quien dice que lo que le provocó la muerte a Marta fue el dátil de Rabí Tzadok, que ella halló en medio del camino y levantó del suelo. Cuando lo llevó a su boca para ingerirlo y apaciguar su hambre, sintió una espeluznante repulsión a causa de su delicadeza y murió.

¿Por qué ese dátil de Rabí Tzadok le causó tanta repulsión? Porque Rabí Tzadok ayunó durante cuarenta años para que Jerusalén no fuera destruida. Y a raíz de tanto ayuno, cuando

Rabí Tzadok comía algo, lo que pasaba por su esófago se veía exteriormente.

Cuando Rabí Tzadok culminó la serie de ayunos que se había propuesto realizar, quiso curarse de su debilitamiento, pero no podía ingerir cualquier alimento, por eso le traían dátiles, sorbía el zumo y los arrojaba. Y uno de esos dátiles era el que halló Marta, y tras comerlo enfermó y finalmente murió.

EL DINERO INVALIDADO

Cuando Marta estaba al borde de la muerte a causa de su enfermedad, sacó todo su oro y toda su plata, y los arrojó a la calle. Y dijo:

—¿Para qué me sirve esto?

A esto se refiere lo que está escrito: «Arrojarán su plata en las calles, y su oro será aborrecido; ni su plata ni su oro podrán salvarlos en el día del furor de El Eterno; no saciarán su alma, ni llenarán sus entrañas, pues ha sido un tropiezo por su pecado» (Ezequiel 7:19).

EL HERMANO DEL OTRO LADO

El jefe de los hombres pendencieros y belicosos que había en Jerusalén era Aba Sikra, que era el sobrino de Rabí Iojanán, el hijo de Zakai.

Rabí Iojanán, el hijo de Zakai, envió un mensajero a su sobrino para que le dijera:

—Ven a mí en secreto.

Aba Sikra fue y Rabí Iojanán, el hijo de Zakai, le dijo:

—¿Hasta cuándo procederéis así, matando a todo el mundo de hambre?

—¿Qué puedo hacer? Si les digo algo, me matarán –le contestó Aba Sikra.

Rabí Iojanán, el hijo de Zakai, le dijo:

—Halla un modo para que yo pueda salir y, tal vez, algo se pueda salvar.

Aba Sikra le dijo:

—Que se diga de ti que estás enfermo, entonces todos vendrán y preguntarán por ti, y se difundirá la noticia de tu enfermedad. Y después de un tiempo, coloca junto a ti algo putrefacto y que se haga correr la voz de que has muerto.

Le dio este consejo porque los pendencieros no dejaban sacar ningún cadáver de la ciudad a menos que se estuviera descomponiendo.

A continuación, Aba Sikra le dijo:

—Además, debes procurar que tu féretro sea llevado por tus discípulos, y no por ninguna otra persona, para que no se den cuenta de la liviandad. Pues ellos saben que el cuerpo de un hombre vivo es más liviano que el de un muerto.

EL MUERTO VIVIENTE

Rabí Iojanán, el hijo de Zakai, hizo así, tal como le sugirió Aba Sikra, y sus discípulos llevaron su féretro. Rabí Eliezer asió de un lado y Rabí Iehoshúa asió del otro lado.

Cuando llegaron a la entrada, los pendencieros quisieron pinchar el cuerpo para comprobar que en verdad estaba muerto. Pero Aba Sikra les dijo:

—Se dirá que pincharon a su maestro.

Los pendencieros quisieron empujar el cuerpo para comprobar que en verdad estaba muerto, pero Aba Sikra les dijo:

—Se dirá que empujaron a su maestro.

Entonces, los pendencieros abrieron la puerta y el féretro de Rabí Iojanán, el hijo de Zakai, fue sacado de la ciudad.

Después de salir de la ciudad, Rabí Iojanán, el hijo de Zakai, fue a ver a Aspasiano y le dijo:

—La paz sea contigo, oh rey; la paz sea contigo, oh rey.

Aspasiano respondió a Rabí Iojanán, el hijo de Zakai:

—Te has ganado la pena de muerte por duplicado.

Pues Aspasiano no era rey, y al llamarlo así, se consideraba una burla, por lo que le correspondía la pena de muerte por esa actitud. Y si en verdad era rey, ¿por qué no fue a verlo hasta ese día? He aquí otra razón para aplicarle la pena de muerte.

Rabí Iojanán, el hijo de Zakai, le dijo:

—Acerca de lo que has dicho, que no eres rey, ciertamente que eres rey, pues de lo contrario Jerusalén no sería entregada en tus manos, como está escrito: «Y el Líbano caerá con el poderoso» (Isaías 10:34). Y la expresión «poderoso» se refiere al rey, como está escrito: «De ella saldrá su poderoso, y de en medio de ella saldrá su señor» (Jeremías 30:21). Y la expresión «Líbano» no se refiere sino al Templo Sagrado, como está dicho: «Por favor, déjame cruzar y ver la buena Tierra que está del otro lado del Jordán, esta buena montaña y el Líbano» (Deuteronomio 3:25). (Es decir, Líbano no se refiere a la región denominada así, sino al Templo Sagrado, que se llama así porque limpia de los pecados y emblanquece –*mitlabén*–).

Rabí Iojanán, el hijo de Zakai, le dijo además:

—Y respecto a lo que has dicho: «Si soy rey, ¿por qué no has venido a mí antes?», la razón es por los hombres pendencieros y belicosos que hay entre nosotros, los cuales no me dejaban salir.

Aspasiano le dijo:

—Si tuvieras un barril de miel y una serpiente estuviera enrollada en él, ¿acaso no romperías el barril a causa de la serpiente? (Es decir, deberías haber quebrado y quemado la muralla de la ciudad para deshacerte de los pendencieros).

Rabí Iojanán, el hijo de Zakai, permaneció en silencio, sin responder.

Rab Iosef, y hay quien dice Rabí Akiva, recitó en relación con Rabí Iojanán, el hijo de Zakai, el pasaje que declara: «Yo hago volver atrás a los sabios y confundo su sabiduría –dice El Eterno–» (Isaías 44:25).

Pues Rabí Iojanán, el hijo de Zakai, debería haber dicho a Aspasiano:

—Nosotros no hubiéramos procedido así, sino que habríamos cogido una pinza, habríamos atrapado con ella a la serpiente y la hubiéramos matado, mientras que al barril lo habríamos dejado entero. (Es decir, hubiéramos aguardado, y tal vez habríamos podido sacarlos sin destruir la ciudad, y después habríamos venido a hacer la paz con vosotros).

Entretanto, llegó un enviado de Roma que le dijo a Aspasiano:

—Ponte de pie para honrar el recado de los grandes de Roma, pues el emperador ha muerto y han decido nombrarte su rey.

ZAPATOS MISTERIOSOS

Cuando Aspasiano oyó la noticia, se había puesto un zapato, e intentó calzarse el otro, pero no pudo hacerlo. Y cuando quiso quitarse el zapato que tenía puesto tampoco pudo hacerlo.

Al observar lo que ocurría, Aspasiano dijo:

—¿Qué es esto?

Rabí Iojanán, el hijo de Zakai, le dijo:

—No te aflijas, pues tu pie se ha hinchado a causa de una buena noticia que habéis oído, como está escrito: «La luminosidad de los ojos alegra el corazón, y la buena noticia hincha los huesos –aumenta la sustancia de la médula–» (Proverbios 15:30).

Aspasiano le preguntó:

—Pero, ¿cuál es la solución?

Rabí Iojanán, el hijo de Zakai, le dijo:

—Que venga un hombre que no te agrada, y pase ante tu presencia, de ese modo, tu pie se deshinchará, como está escrito: «El corazón alegre es buen remedio –para el cuerpo–; mas el espíritu afligido seca los huesos –seca y disminuye la sustancia de la médula–» (Proverbios 17:22).

Aspasiano hizo así, tal como le dijo Rabí Iojanán, el hijo de Zakai, y pudo calzarse el zapato. Entonces le dijo a Rabí Iojanán, el hijo de Zakai:

—Ya que eres tan sabio, ¿por qué no has venido a mí hasta ahora?

Rabí Iojanán, el hijo de Zakai, le dijo:

—¿Acaso no te he dicho ya la razón?

Aspasiano le dijo:

—También yo te he dado mi respuesta.

Y también le dijo:

—Yo me iré de aquí y enviaré a otro hombre para que me reemplace, pero pídeme lo que deseas que te conceda.

Rabí Iojanán, el hijo de Zakai, le dijo:

—Dame la ciudad de Iavne y sus sabios, la familia del príncipe, Rabán Gamliel y médicos para curar a Rabí Tzadok.

Rab Iosef, y hay quien dice Rabí Akiva, recitó en relación con Rabí Iojanán, el hijo de Zakai, el pasaje que declara: «Yo hago volver atrás a los sabios y confundo su sabiduría –dice El Eterno–» (Isaías 44:25). Pues Rabí Iojanán, el hijo de Zakai, debería haber dicho a Aspasiano: «Dejad esta vez a Israel». ¿Y por qué no pidió eso? Pues pensó que tal vez tanto no le concedería, y entonces ni siquiera se podría salvar un poco.

LA GRAN CURACIÓN

Respecto a Rabí Tzadok, ¿cómo se curó? El primer día los médicos le dieron a beber zumo de frutas. Después le dieron a beber jugo de frutas con un poco de pulpa. Posteriormente le dieron a beber agua con harina. Resulta que agregaron sustancia hasta que, poco a poco, lograron ensancharle los conductos del aparato digestivo.

EL RELEVO IMPIADOSO

Aspasiano volvió a Roma y envió en su lugar a Tito, que era un hombre cruel y perverso en extremo. A esto se refiere lo que está escrito: «Él dirá: ¿dónde está su dios, la roca en la que buscaron refugio» (Deuteronomio 32:37). ¿Quién dijo eso? Tito, el malvado, que vituperó y blasfemó contra lo Alto.

¿Qué hizo? Tomó con su mano una meretriz y entró al Lugar Santísimo del Templo Sagrado, y desplegó el rollo de la Torá sobre el suelo, y cometió la falta –allegándose a la meretriz– sobre él.

Además, sacó una espada y con la misma cortó el velo del Lugar Santísimo del Templo Sagrado, denominado Kodesh Hakodashim. Entonces ocurrió un milagro y comenzó a brotar y salir sangre del velo. Al ver eso, Tito pensó que lo había matado a Él, como está dicho: «Tus enemigos braman en medio de tu asamblea; han puesto sus señales por señales» (Salmos 74:4). Pues decían que la sangre que brotaba era una señal de que lo habían matado a Él.

Aba Janán se refirió a la gran paciencia que El Santo, Bendito Sea, tiene con los malvados, incluso con un hombre tan perverso como Tito, como está escrito: «El Eterno, Dios de los ejércitos, ¿quién es como Tú? Tú eres Poderoso, El Eterno, y tu fidelidad te rodea» (Salmos 89:9). Lo que está escrito: «¿quién es como Tú? Tú eres Poderoso», es difícil y complicado, pues, ¿Tú oyes el vituperio y la blasfemia de ese malvado y callas? Ciertamente que sólo El Santo, Bendito Sea, puede contenerse y no tomar venganza inmediatamente contra un hombre de este tipo.

En la academia de Rabí Ishmael, este asunto fue estudiado a partir de lo que está escrito: «¿Quién es como Tú entre los poderosos –baelim–, El Eterno; quién es como Tú, poderoso en santidad, imponente para la alabanza, hacedor de maravillas?» (Éxodo 15:11). La expresión baelim puede leerse también bailemim, que significa «entre los mudos». Es decir:

«¿Quién es como Tú entre los mudos, El Eterno?». Pues se abstuvo de emitir palabra y castigar a ese hombre perverso que había blasfemado contra Él.

EL DESPOJO

¿Qué hizo Tito después? Tomó el velo e hizo con él un contenedor, trajo todos los utensilios del Templo Sagrado y los colocó dentro. Y los llevó a la embarcación, para gloriarse con ellos en su ciudad, como está dicho: «Ciertamente he visto malvados –que eran considerados como sepultados–, y que –aun así volvieron a resurgir y– vinieron, y los –justos– que frecuentaban el lugar santo fueron puestos en olvido en la ciudad donde habían actuado con rectitud; esto también es vanidad» (Eclesiastés 8:10). La expresión «sepultados» en el original hebreo está escrita mediante la locución *kevurim,* y para comprender los misterios encerrados en esta cita esa expresión no debe leerse así, sino *kevutzim,* que significa «reunir». Asimismo, la expresión «fueron puestos en olvido» en el original hebreo está escrita mediante la locución *veishtakjú,* y para comprender los misterios encerrados en esta cita esa expresión no debe leerse así, sino *veishtavjú,* que significa «gloriarse».

Y esta cita fue explicada también según su sentido llano, ya que lo que está escrito: «sepultados» se refiere a lo que estaba guardado bajo tierra, los tesoros escondidos, fue descubierto y desenterrado por Tito.

EN MEDIO DEL MAR

Cuando Tito se hallaba en alta mar, camino de regreso a su ciudad, se levantó una feroz tormenta marítima que estaba a punto de hundir la embarcación. Entonces Tito dijo:

—Creo que el poder del Dios de estos no está sino en el agua. Pues cuando el Faraón vino a enfrentar a los Hijos de Israel hundió a los egipcios en el agua. [Como está escrito: «El Eterno le dijo a Moisés: extiende tu mano sobre el mar y el agua volverá sobre Egipto, sobre sus carrozas y sobre sus jinetes. Moisés extendió su mano sobre el mar, y hacia la mañana el agua recuperó su fuerza inicial, cuando los egipcios huían en dirección a ella; y El Eterno sacudió a Egipto en medio del mar. El agua retornó y cubrió las carrozas y los jinetes de todo el ejército del Faraón que venían detrás de ellos en el mar, y no quedó ni uno solo de ellos» (Éxodo 14:26-28)]. Cuando vino Sísara, lo hundió en las aguas. [Como está escrito: «Y Yo atraeré hacia ti al arroyo de Kishón a Sísara, capitán del ejército de Javín, con sus carros y su ejército, y lo entregaré en tus manos» (Jueces 4:7)]. También a mí se dispone a hundirme en las aguas. Y si Él es valiente, que suba a tierra firme y luche conmigo.

Entonces surgió un eco celestial, y dijo:

—Malvado hijo de malvado, hijo –descendiente– de los hijos de Esaú, el malvado, Yo poseo en Mi mundo una criatura ligera, llamada *iatush*.

¿Por qué razón se denomina criatura ligera al insecto denominado *iatush*? Porque tiene boca para entrar alimento a su cuerpo, pero no tiene orificio para despedir los residuos.

LA LLEGADA A TIERRA FIRME

Cuando Tito llegó a tierra firme, se apareció un insecto –*iatush*–, y entró en él a través de sus fosas nasales. Y picó su cerebro durante siete años.

Un día, Tito pasó frente a la puerta de una herrería, y al oír el insecto los golpes de martillo sobre el yunque se calló, y dejó de picarle su cerebro. Al observar eso, dijo:

—¡Hay solución!

A partir de ese día, cada día traían ante él un herrero que golpeaba con el martillo sobre el yunque.

Antes bien, Tito no se comportaba del mismo modo con todos los herreros que le traían. Si era un herrero gentil, le daba cuatro monedas *zuz,* y si el herrero era de los Hijos de Israel, no le daba nada y le decía:

—Es suficiente con que hayas visto a tu enemigo inmerso en aflicción.

UN INSECTO CRECIDO

Fue estudiado: dijo Rabí Pinjas, hijo de Aruva:

—Yo estuve en esa época entre los hombres importantes de Roma, y recuerdo que cuando Tito murió, le abrieron el cerebro y hallaron que el insecto había crecido y era como del tamaño de un gorrión.

Después de narrarse la muerte de Tito, el hombre que destruyó el Templo Sagrado, se concluye en el Talmud: fue estudiado: ven y observa cuán poderosa es la fuerza de la humillación, pues El Santo, Bendito Sea, ayudó a Bar Kamtza, que fue humillado, y destruyó Su Casa, y quemó Su Templo (Talmud, Tratado de Guitín 55b-57a).

IX

COINCIDENCIAS EVIDENTES

Hemos apreciado en la historia de la destrucción de Jerusalén y el Templo Sagrado varios hechos relevantes, entre ellos, lo concerniente al pago y también al castigo por obrar perversamente, como ocurrió con Tito. Y hemos visto, asimismo, hechos que coinciden con lo sucedido en el Holocausto, tales como la división entre las personas y la terrible hambruna que se desató a causa de esa división. Recordad, ahora, la situación de los guetos, donde las personas llegaron a comer una magra galleta diaria, y terminaron pesando 29 kilos, con la piel pegada a sus huesos. Todo aquello fue un reflejo de lo ocurrido en la época previa a la destrucción del Segundo Templo, cuando la situación también era caótica. Y así como hay centenares de relatos e historias que describen el caos de la época del Holocausto, narradas por los propios sobrevivientes, también los hay de la época previa a la destrucción del Templo.

Tal era la hambruna de la época previa a la destrucción del Segundo Templo, que las personas hervían paja y la comían, como fue enseñado: uno de los hombres de Jerusalén dijo:

—¡Quién me diera cinco dátiles, y descenderé –de la muralla– y tomaré cinco cabezas!

Le dieron, y así lo hizo, mató a cinco hombres de las legiones de Aspasiano. Después, Aspasiano examinó la deyección de ellos y vio que no había siquiera restos de cereales. Entonces, dijo a sus hombres:

—Esos comen sólo paja, ¿y así os matan? Si comieran y bebieran todo lo que vosotros coméis y bebéis, ¡cuánto más que os matarían! (Avot de Rabí Natán VI).

HAMBRE Y DESESPERACIÓN

Ciertamente que la hambruna previa a la destrucción del Segundo Templo Sagrado era terrible. Y también lo fue la que sobrevino en la época de la destrucción del Primer Templo, como está escrito: «La lengua del niño de pecho se pegó a su paladar por la sed; los chiquillos pidieron pan y no hubo quien les diese. Los que comían manjares fueron asolados en las calles; los que se criaron entre púrpura se abrazaron a los basurales» (Lamentaciones 4:4-5). Y también está escrito: «Su piel estaba pegada a sus huesos, seca como un leño» (Lamentaciones 4:8). Es decir, todo muy similar a lo ocurrido en la época de los guetos y el Holocausto.

Ahora bien, ciertamente que todos esos asuntos son trascendentales, pero, como hemos visto, fueron una consecuencia, y es importante considerar de modo especial el fundamento del caos, la raíz de todo. Y esa raíz está indicada en el Talmud, como se enseñó: Jerusalén fue destruida por causa de Kamtza y Bar Kamtza. Pero Kamtza, ¿qué hizo de malo? Pues todo el problema surgió a raíz de la llegada al banquete de Bar Kamtza, que era enemigo del anfitrión, y había sido invitado por error. Siendo así, debería estar escrito: Jerusalén fue destruida por causa de Bar Kamtza (*véase* Iun Yakov).

¿Cómo se explica esta disyuntiva? La respuesta es ésta: quien tiene posibilidad de reprochar una actitud reprobable, y no lo hace, el asunto es considerado también a nombre de él. Y en el caso mencionado, cuando llegó Bar Kamtza, Kamtza, el amigo del anfitrión, estaba allí presente, sentado y participando del banquete. Y él tenía la posibilidad de impedir que Bar Kamtza fuera humillado y echado fuera. Pero no lo hizo, y por eso se convirtió en socio y cómplice del daño surgido posteriormente a raíz de ese hecho (Ben Iehoiadá).

Debe considerarse, además, lo explicado por el exegeta Maarsha, quien dijo que posiblemente Kamtza y Bar Kamtza eran padre e hijo, y el sirviente del anfitrión se confundió entre ellos cuando llevó la invitación. Y Bar Kamtza fue aun sabiendo que estaba enemistado con el anfitrión, pues consideró que al ser su padre amigo de él, seguramente, procuraba hacer las paces con él al invitarlo (Maarsha en Talmud, Tratado de Guitín 55b).

Resulta que Kamtza, ciertamente, sabía que había un enfrentamiento entre el anfitrión y su hijo, Bar Kamtza, y estaba obligado a procurar hacer la paz entre ambos. Pero no hizo así, y por eso ocurrió lo que ocurrió, y a raíz de ello también su nombre fue incluido en el hecho (Ben Iehoiadá).

LA RAÍZ DEL CAOS

Es evidente que el odio injustificado fue la causa de la destrucción del Templo Sagrado, y todos estamos obligados a erradicar ese sentimiento dañino, actuando, intercediendo y haciendo cuanto esté a nuestro alcance. No se debe ser indiferente jamás. Y si bien con el Holocausto se recuperó la Torá y el cumplimiento de los preceptos, que era algo que se estaba perdiendo, aun así, hace falta corregir ese fallo. Pues la Torá es el bien, como está escrito: «Porque os he otorgado un buen presente a Mi Torá no la abandonéis» (Proverbios 4:2). Y en la Torá está escrito: «Circuncidad la cubierta de vuestros corazones y no seáis más obstinados» (Deuteronomio 10:16).

Resulta que no es suficiente con estudiar la Torá y cumplir los preceptos, se requiere de nosotros nuestro corazón, el amor, para enfrentar y vencer al odio. Observad esta sorprendente y reveladora declaración talmúdica: el Primer Templo Sagrado, ¿por qué fue destruido? Por tres asuntos: idolatría, relaciones prohibidas y derramamiento de sangre [...] Pero en la época del Segundo Templo Sagrado se ocupaban de la Torá, cumplían los preceptos y hacían obras de bondad y, ¿por qué fue destruido? Porque había odio injustificado. Resulta que el odio injustificado es equivalente a las tres faltas: idolatría, relaciones prohibidas y derramamiento de sangre (Talmud, Tratado de Ioma 9b).

LA CORRECCIÓN

Ciertamente que esta tarea que debemos realizar no es sencilla, sobre todo teniendo en cuenta la época en la que vivimos. ¿Y en qué época vivimos? Echemos un vistazo:

PADRES MALTRATADOS

La primera causa de violencia familiar en Japón es la que ejercen los hijos en casa cuando llegan a la adolescencia.

«¿Qué ocurre cuando el más débil se convierte en victimario y el más fuerte en la víctima? La respuesta es la primera preocupación de los psiquiatras infantiles en Japón, donde el maltrato por parte de los niños a sus padres es, según todos los estudios, la principal causa de violencia familiar. Son niños tranquilos y obedientes, estudiosos y con buenas notas que, poco antes de la pubertad, se convierten repentinamente en torturadores de la familia: destrozan los muebles o gritan y atacan, dan pellizcos, patadas y golpes al padre, la madre o la abuela. No están enfermos: son la otra cara de los llamados niños modelo, un ideal de perfección y competitividad escolar, profundamente arraigado en la sociedad japonesa, que ha empezado a resquebrajarse» (*El País*, 16 de agosto de 1994).

CONFLICTOS FAMILIARES

El 70 % de las mujeres maltratadas lleva al menos cinco años sufriendo agresiones. En el 12 % de los casos, los hijos de las propias víctimas aparecen como agresores.

«La violencia doméstica no es un hecho aislado. Más del 70 % de las mujeres maltratadas en su hogar, casi siempre por su pareja, sufren agresiones desde hace al menos cinco años, y menos del 10 % confiesan que esta situación se prolonga desde hace menos de un año. Ésta es una de las conclusiones del estudio sobre la violencia contra las mujeres, presentado ayer en Madrid, que asegura que el sector más afectado por este fenómeno corresponde a las mujeres mayores de 45 años que trabajan en casa. Otro dato revelador es el que señala a los hijos como autores del 12 % de las agresiones» (*El País*, 6 de abril de 2000).

VIOLENCIA MUNDIAL

La ONU denuncia que una de cada tres mujeres sufre malos tratos.

«Una de cada tres mujeres en el mundo sufre malos tratos en su entorno familiar, situación que afecta, en mayor o menor medida, a todos los países, según datos del Fondo de las Naciones Unidas para la Mujer (UNIFEM): "Una de cada tres mujeres en el mundo será violada, agredida, forzada a tener relaciones sexuales o será de otro modo maltratada durante su vida"», ha señalado esta mañana la directora ejecutiva de UNIFEM, Noeleen Heyzer (*El País*, 25 de noviembre de 2003).

VIOLENCIA DOMÉSTICA

«El fenómeno de la violencia doméstica, una espiral que no cesa, tiene ya cifras. Un total de 175.000 ciudadanos están fichados como maltratadores. Son nombres que van unidos a agresiones en el ámbito familiar y de pareja y figuran en el Registro Central para la Protección de las Víctimas de la Violencia Doméstica, que comenzó a funcionar hace dos años y medio. Nueve de cada diez denunciados son hombres. Las víctimas son mujeres casi en la misma proporción (en lo que va de año, 57 han muerto a manos de sus compañeros). La base de datos que gestiona el Ministerio de Justicia revela que se han dictado más de 90.000 órdenes de protección, 70.000 condenas por violencia familiar y 35.000 alejamientos cautelares desde 2004» (*El País*, 24 de septiembre de 2006).

VÍCTIMAS DE MALTRATO

«En el estado de México se reportaron 3.769 víctimas de violencia intrafamiliar en 2006, de las cuales cerca de 3.300 fueron menores de edad (87,5 %) en lo que se conoce como el síndrome del niño maltratado, mientras que 289 son mujeres (7,6%), reveló el DIF estatal» (*El Universal*, México, Jueves 1 de marzo de 2007).

CUANDO EL INFIERNO ESTÁ DENTRO DEL HOGAR

Agresiones domésticas: una de cada cinco parejas vive situaciones de maltrato y el 25 % de las argentinas son golpeadas por alguien que habita bajo el mismo techo; es la primera de una serie especial sobre la violencia.

La casa debería ser un refugio, ideal para el desarrollo de la niñez. Pero en la Argentina, en el 51 % de los casos de chicos maltratados, el agresor es un miembro de su familia biológica. Así lo indican estadísticas de la Dirección General de la Mujer del gobierno porteño.

En tanto, un informe del Banco Interamericano de Desarrollo (BID) señala que una de cada cinco parejas convive en situaciones de violencia» (*La Nación*, Argentina, 15 de mayo de 2000).

MUJERES MALTRATADORAS

«Las últimas cifras de maltrato publicadas por el Registro de Víctimas de Violencia Doméstica recogen 10.645 condenas firmes contra mujeres agresoras. Y hay más de 41.000 fichadas como maltratadoras. La cifra de denuncias desde que se creó este registro en 2004 no deja de crecer. El año pasado ya fueron 11.604 y éste lleva 4.008» (*El País*, Madrid, 12 de junio de 2008).

ALARMANTE INCREMENTO DE LA INSOLENCIA

«Una creciente violencia se ha instalado en numerosas escuelas del país. Ésta es una penosa realidad conocida. Protagonistas de las agresiones son alumnos de ambos sexos y, en ocasiones, también sus padres; docentes y condiscípulos son los que padecen especialmente las consecuencias. La reiteración y el agravamiento de episodios de esa naturaleza mantienen viva la preocupación de la comunidad escolar. De ahí que maestros y profesores reclamen de las autoridades acciones efectivas para poner límites a los agresores, ya que a menudo se sienten impotentes para enseñar en un clima cargado de provocaciones» (*La Nación*, Argentina,12 de junio de 2009).

MALTRATO DE ANCIANOS

«Más de cuatro millones de ancianos padecen violencia física cada año en Europa (10.000 al día), 29 millones son sometidos a abusos psicológicos y alrededor de 2.500 mueren a manos de algún familiar según el Informe Europeo sobre la Prevención del Maltrato en Personas Mayores realizado por la Organización Mundial de la Salud (OMS)» (*El País*, Madrid, 27 de junio de 2011).

PADECEN VIOLENCIA FAMILIAR 8 DE CADA 10 JÓVENES

«"Ocho de cada 10 jóvenes detectan violencia en sus familias", señaló el titular de la Secretaría de Educación Pública, Alonso Lujambio Irázabal, quien reconoció que las agresiones también registran un crecimiento alarmante en los centros escolares» (*La Jornada*, México, 3 de junio de 2010)

ALERTA SOBRE VIOLENCIA INTRAFAMILIAR

«"En México hay alrededor de 28,6 millones de hogares en donde existe violencia familiar, y las principales víctimas de este fenómeno son niñas, niños, adultos mayores y personas con discapacidad", advirtió la Comisión Nacional de los Derechos Humanos (CNDH). Mediante un comunicado, el organismo advirtió asimismo que al menos 40 % de las mujeres del país han sido agredidas por su pareja en algún momento de la convivencia (*La Jornada*, México, 22 de abril de 2012).

NIÑOS ACOSADOS

Ante la presencia del bullying en las escuelas, la Comisión Nacional de los Derechos Humanos (CNDH) destacó la necesidad de adoptar medidas que garanticen que los menores vivan en un ambiente libre de violencia en el hogar y en la escuela.

«En un comunicado, refirió que en México se estima que cuatro de cada 10 alumnos entre los seis y los 12 años han sufrido algún tipo de agresión de un compañero de clase.

El fenómeno del acoso escolar, también conocido como *bullying*, se ha extendido en las instituciones educativas y consiste en ejercer violencia deliberada y continua de uno o varios estudiantes contra otro con el propósito de lastimarlo, humillarlo, dominarlo o asustarlo.

"Las agresiones pueden consistir en golpes, empujones, burlas, insultos, despojo de bienes, y recientemente el envío de mensajes ofensivos por correo electrónico o mediante el uso de teléfonos celulares a redes sociales", añadió el organismo defensor» (*El Universal*, México, domingo 29 de julio de 2012).

MUJERES VIOLENTADAS

«Dos mil sesenta y siete mujeres fueron víctimas de 2.461 episodios de violencia de género en el País Vasco entre enero y julio de este año, según los datos aportados esta mañana por la directora de la Oficina de Atención a las Víctimas de la Violencia de Género de Interior, Mariola Serrano» (*El Mundo*, lunes 30 de julio de 2012).

VIOLENCIA DE GÉNERO

«La ayuda a los hijos es clave para que no repitan el círculo. Para ellos, el día a día es un trauma. Temen que el papá mate a la mamá y queden desprotegidos. También se sienten culpables por no defender a la madre. Y a veces son objetos de violencia directa.

Oyen insultos y descalificaciones hacia quien los viste y peina, les prepara la comida y los acuesta. Se sobresaltan con portazos, se asustan con gritos y llantos, se aterran con los silencios. Ven manotazos, zamarreos, objetos estrellados. A veces presencian los golpes; otras, sólo advierten las marcas. Menos las que van quedando en ellos, porque aun cuando el padre tenga una conducta amorosa hacia los hijos, la violencia hacia la madre –coinciden los especialistas– siempre causa daños a su salud mental» (Diario *Clarín*, Argentina, 24 agosto de 2012).

UN MUNDO ALTERADO

Ciertamente estas noticias son estremecedoras e impactantes, pero no es algo novedoso, los diarios y periódicos de los últimos años están llenos de ellas. Y las que he mencionado son sólo estadísticas, y cada día aparecen en los titulares nuevos casos descritos con todo lujo de detalles que dan forma a esas estadísticas. Veamos sólo algunos ejemplos ilustrativos:

VIOLENCIA FAMILIAR

«Un hombre quedó gravemente herido luego de que su hijo le disparara en el pecho durante una discusión familiar ocurrida en Hualpén, región del Biobío.

De acuerdo a los antecedentes policiales, todo comenzó cuando el padre empezó a agredir a su esposa mientras discutían al interior de su casa.

El hijo de ambos intentó defender a su madre por lo que encaró a su progenitor, quien a su vez intentó golpearlo con un palo. Ante el hecho, el joven fue a buscar un rifle de aire comprimido, con el que le disparó a su padre en el pecho» (*Emol*, Chile, 11 de julio de 2011).

MI PADRE YA NO ME QUERÍA

Un joven de 16 años mata a su padre, su madrastra y otros cuatro adultos en París.

«Fue un arrebato de añoranza y celos fuera de toda proporción. Alexis Polevoí, de 16 años, mató a su padre, su madrastra, los padres de ésta y una pareja de amigos. Seis cadáveres en total, todos de origen ruso, tiroteados en distintas estancias de la lujosa mansión familiar en los alrededores de París. El muchacho dejó con vida a su hermanastra, de dos años. Acabó diciendo algo simple: "Mi padre ya no me quería"» (*El País* edición de 28 de febrero de 1995).

AGREDIÓ A SU SUEGRO

«Un hombre ha sido condenado por la Audiencia Provincial de Málaga a un año de prisión por agredir a sus suegros, que se habían personado en el domicilio tras una discusión conyugal.

Según la sentencia, a la que ha tenido acceso Efe, fue la propia esposa la que llamó en marzo de 2008 a sus padres y les solicitó que fuesen debido a una discusión que había mantenido con su pareja.

Cuando los padres llegaron, el acusado salió de la casa con un cuchillo en la mano y agredió a su suegro tras pincharle en la espalda, aunque el arma no penetró al esquivarlo la víctima.

Seguidamente, el procesado golpeó a su suegra y le causó lesiones que curaron a los diez días.

El Tribunal destaca que todos los hechos ocurrieron en presencia de los hijos de la pareja y, durante el juicio, el procesado reconoció los hechos y se conformó con la petición de cárcel del fiscal» (*El Mundo*, 31 de diciembre de 2010).

INSOLENCIA EN ESTADOS UNIDOS

Juntan más de 500.000 dólares para una mujer maltratada por adolescentes.

«Tiene 68 años y es ayudante de un micro escolar. Los chicos de 12 y 13 años la insultaron y acosaron en un viaje. Filmaron un video y lo subieron a internet, lo que provocó la indignación de la gente que hizo una colecta para que la mujer pudiera jubilarse.

Esto sólo podría haberse logrado gracias a la fuerza de internet. Miles de personas se movilizaron por una mujer de 68 años maltratada por adolescentes de un colegio. Los chicos de 12 y 13 años pusieron a prueba su paciencia, maldad en mano, y la insultaron gratuitamente durante un viaje. Le dijeron de todo: maldita, pobre, fea, gorda. Pero ella aguantó estoica y durante los 20 minutos que duró la agresión ni se quejó. La historia hubiera quedado en anécdota si no fuera porque un alumno filmó todo y lo subió a internet.

Las imágenes se dispararon por redes sociales y la indignación que provocaron fue tal que un grupo de personas se organizaron vía web para recompensarla. Su idea era juntar 5.000 dólares para que Karen, ése es su nombre, pudiera irse de vacaciones después de ser víctima del *bullying*. La respuesta fue infernal, en menos de una semana reunieron más de medio millón de dólares (Diario *Clarín*, 22 de junio de 2012).

SÍNTESIS Y BALANCE

Las noticias de este tipo abundan y aparecen continuamente en los medios de comunicación. Aunque parezca absurdo, es extraño hallar un día en que no suceda algo de lo mencionado. Resumiendo podemos decir que en la sociedad en la que vivimos los hijos se enfrentan a sus padres, la nuera increpa a su suegra y el yerno se levanta contra su suegro. Asimismo, los jóvenes humillan a los ancianos, y los ancianos deben rendir honores a los jóvenes. La falta de respeto existente entre las personas es alarmante. Jamás ha existido un caos semejante; no hay precedentes en toda la historia. Tan sólo unas décadas atrás, todo era diferente. ¿Y en una época así debemos solucionar el asunto del odio injustificado y reemplazarlo por amor? ¿Acaso es posible?

Observad esta increíble y reveladora cita talmúdica: dijo Rabí Nehurai: en la generación previa a la llegada del Mesías, los jóvenes harán palidecer de vergüenza a los ancianos, y los ancianos se pondrán de pie ante los jóvenes para rendirles honor, pues el descaro aumentará considerablemente. La hija se levantará contra la madre, y la nuera se levantará contra su suegra. El rostro de la generación será como el rostro de un perro, pues no se avergonzarán en absoluto uno del otro por ninguna razón. Y el hijo no se avergonzará ante su padre.

Rabí Nejemia dijo: en la generación previa a la llegada del Mesías, la desfachatez aumentará; se deteriorará completamente el tratamiento honorable por el prójimo [...] Todo el gobierno se torcerá hacia la incredulidad. Y no habrá reproche, pues el reprochado dirá al reprochador: «¡Tú haces lo mismo que yo hago!» (Talmud, Tratado de Sanhedrín 97a).

También se dijo: «la verdad estará ausente» (Talmud, Tratado de Sotá 49b). Y además: «los enemigos de la persona serán los de su propia casa» (ibíd.).

Las predicciones mencionadas siguen a la profecía bíblica que declara: «El piadoso se perdió de la tierra, y no hay quien sea recto entre los hombres; todos acechan por sangre; el hombre caza a su hermano, tendiéndole red [...] No creáis en compañero, ni confiéis en ministro; cuida las entradas –los labios– de tu boca de la que duerme junto a ti –es decir, no abras los labios para revelarle a tu mujer tus secretos, pues los contará a otras personas y te perjudicará–. Porque el hijo vitupera al padre, la hija se levanta contra la madre, la nuera contra su suegra, y los enemigos del hombre son las personas de su casa» (Miqueas 7:2-6; *véase* Metzudat David; y *véase* Talmud, Tratado de Sotá 49a).

Ya vemos que el caos actual no es casual, y así como fue pronosticado todo lo concerniente al Holocausto, también lo fue el desbarajuste social propio de nuestra era. Y así como lo que sucede en la actualidad jamás ocurrió, tampoco ha habido nunca tanta información, tantos libros, tantos conocimientos al alcance de todos. Y en medio de todo cuanto ocurre en nuestra era, ya son varios centenares de miles de personas que han vuelto al sendero de la Torá y al cumplimiento de los preceptos.

LA REVOLUCIÓN DEL SABER

Considérese que, por lo general, de cada mil personas que empiezan a estudiar cien salen preparadas y aptas para estudiar la Torá escrita, diez para estudiar la Mishná y uno para estudiar el Talmud. A esto se refiere lo que está escrito: «He hallado un hombre entre mil» (Eclesiastés 7:28) (Midrash Raba: *Eclesiastés* 7:28).

Se aprecia con claridad que estudiar el Talmud no es nada fácil, al contrario, observad lo que ocurre en nuestra era:

En 1923 el rabino Meir Shapira instauró el sistema de estudio de un folio diario del Talmud, hasta terminarlo completamente en siete años y medio. La idea fue muy bien recibida y, con el tiempo, comenzaron a verse frutos importantes. En el mes de julio de 2012 se completó el duodécimo ciclo, y en Israel, decenas de millares de personas se congregaron en distintos lugares a lo largo y a lo ancho del país para celebrar el evento. No pudieron hacerlo todas juntas porque no hay en Israel un complejo que pueda albergar a tantas personas (Informe de Daf Iomi). En Jerusalén se reunieron más de 15.000 personas en Guivat Hatajmoshet, mientras que en el estadio Tedy se congregaron más de 20.000 personas; en Tel Aviv, se reunieron más de 10.000 personas en el salón Nokia. Todos tenían un mismo objetivo: celebrar la finalización del estudio de todo el Talmud y comenzar un nuevo ciclo.

Sin lugar a dudas, éste fue un evento que tuvo repercusión mundial. El diario *Haaretz* publicó: «Cerca de 100.000 judíos se reúnen en Nueva Jersey para celebrar la finalización del Talmud».

«Cuando Alexander Rapaport entró en el Madison Square Garden con su padre poco antes de su *bar mitzvah,* en 1990, por la novena finalización del ciclo de estudio diario de Talmud, se asombró al ver a 20.000 judíos reunidos en un solo lugar. El 1 de agosto se anticipa una sensación similar en el MetLife Stadium de Nueva Jersey, donde alrededor de 92.000 judíos se reunirán para celebrar la finalización del duodécimo ciclo de estudio diario de Talmud.»

«"Estar ahí para *Yiddishkeit* [tradición judía] es muy conmovedor", dijo Rapaport, un judío jasídico que vive en Borough Park, Brooklyn y dirige una red de comedores populares *kosher* en Brooklyn y Queens» (*Haaretz,* julio de 2012).

El evento fue calificado como la mayor celebración de la erudición judía desde la destrucción del Segundo Templo de Jerusalén.

«Después de la gran destrucción de la Segunda Guerra Mundial, ha llevado tiempo reconstruir nuestra comunidad y crecer de nuevo», dijo el rabino Gedaliah Weinberger. Y agregó: «Pero está allí, y esto prospera tanto en términos de número como en cuanto al nivel de estudio de la Torá» (*The New York Times,* 2 de agosto de 2012).

La celebración en el MetLife fue transmitida en directo a 80 ciudades de 14 países.

En México, se reunieron para celebrar el evento en los templos Maguén David y Maor Abraham, entre otros.

En Argentina también se celebró. El diario *Clarín* publicó al respecto: «En la Capital Federal, hoy a las 19.30 habrá un acto en la Yeshiva de Ecuador 920, pero ya hubo celebraciones en las comunidades de Belgrano, Flores y Barracas, entre otras (Diario *Clarín* 02 de agosto de 2012).

LA REALIDAD DE LOS HECHOS

Los hechos son evidentes. En los últimos años se ha producido una verdadera revolución espiritual, y la sed de aprender crece más y más. Pero, como vimos en lo que respecta a la enseñanza talmúdica antes citada, eso no es suficiente, aún hay algo muy importante por hacer: terminar con el odio injustificado. Ese trabajo lo debemos realizar en la era en la que vivimos, y disponemos de los medios para conseguirlo. La esencia de todos los preceptos de la Torá conduce a eso, tal como se enseñó en el Talmud: el sabio Hilel dijo: «No hagas a tu prójimo lo que no quieres que te hagan a ti; ésa es toda la Torá, lo demás son explicaciones» (Talmud, Tratado de Shabat 31a).

La declaración talmúdica mencionada es clara. Y, efectivamente, al revisar la Biblia hallamos muchos preceptos que al observarlos se aprecia que, sin lugar a dudas, conducen a la bondad y la erradicación del odio. Veamos algunos ejemplos.

RESPETO POR EL PRÓJIMO

«Cuando le prestes a tu prójimo un préstamo por cualquier cantidad, no entrarás a su casa para tomar la prenda de él. Te quedarás afuera, y el hombre al que le prestaste te traerá la prenda afuera. Si ese hombre es pobre, no dormirás con su prenda. Le devolverás la prenda cuando se ponga el sol y él dormirá con su prenda y te bendecirá, y para ti será un acto de rectitud ante El Eterno, tu Dios» (Deuteronomio 24:10-13).

CONSIDERACIÓN DE LOS NECESITADOS

«Cuando recolectes tu cosecha en tu campo y olvides un manojo en el campo, no regresarás a tomarlo; será para el prosélito, el huérfano y la viuda, para que El Eterno, tu Dios, te bendiga en toda la obra de tus manos» (Deuteronomio 24:19). Y está escrito: «Cuando sacudas tu olivo, no recorrerás las ramas que hayas dejado tras de ti; será para el prosélito, el huérfano y la viuda. Cuando vendimies tu viña, no recogerás los racimos pequeños tras de ti; serán para el prosélito, el huérfano y la viuda; recordarás que fuiste esclavo en la tierra de Egipto, por eso te ordeno que hagas esto» (Deuteronomio 24:20-22).

IGUALADO DE LOS LITIGANTES

«No pervertiréis la justicia; no favoreceréis al pobre y no honraréis al grande; con rectitud juzgaréis a tu prójimo» (Levítico 19:15).

Este precepto estipula que se debe igualar a los litigantes en el momento en que están de pie, siendo juzgados. Surge de aquí que se debe escuchar a cada uno de los litigantes, ya sea que se extienda, o abrevie su declaración. Y está prohibido para el juez decir a uno de los litigantes que acorte su declaración, y permita al segundo litigante ampliar su declaración a voluntad. Asimismo, el juez tiene prohibido dirigirse agradablemente a uno de los litigantes y hablarle con palabras suaves, y dirigirse al segundo litigante con palabras severas. Del mismo modo, si uno de los litigantes se presenta en el tribunal vistiendo ropas elegantes, y el segundo litigante se presenta vistiendo ropas humildes, los jueces deben igualar las ropas de ambos. Además, los jueces deben impedir que durante el litigio uno de los litigantes esté sentado y el otro de pie, y tampoco debe estar sentado uno de los litigantes adelante, cerca de los jueces, y el otro atrás, lejos de los jueces, sino que deben estar sentados uno junto al otro.

AYUDA A LOS INDIGENTES

«Si en la Tierra que te da El Eterno, tu Dios, hubiere una persona indigente entre vosotros, cualquiera de tus hermanos en cualquiera de tus ciudades, no endurecerás tu corazón ni cerrarás tu mano a tu hermano indigente, sino que le abrirás tu mano; le prestarás lo que carezca, cualquier cosa que le faltare» (Deuteronomio 15:7-8).

PAGO DEL SALARIO

«No engañarás a tu empleado entre tu hermano que es pobre o indigente, ni al prosélito que está en tu tierra, ni al que se encuentra en tus ciudades. Ese mismo día le darás su paga; el sol no se pondrá sobre él, pues es pobre y su vida depende de eso; que no clame en contra de ti ante El Eterno, pues habrá en ti pecado» (Deuteronomio 24:14-15).

A través de esta declaración se ordena pagar al empleado por su trabajo cuando le corresponda, y no postergarlo para otro día.

AYUDA CON LA CARGA

«Si ves el asno de alguien a quien odias doblado por su carga, ¿acaso te negarás a ayudarlo? Ciertamente lo ayudarás» (Éxodo 23:5).

Esta declaración indica que el que se encontró con otra persona en el camino, y su animal estaba doblado bajo su carga, tanto si había sobre el mismo una carga apropiada para él, como si había sobre él más de lo que es apropiado cargar, es un precepto descargar con él.

DEVOLUCIÓN DE LOS EXTRAVÍOS

«No verás el toro de tu hermano, o su oveja, que se extraviaron y te desentenderás de ellos; ciertamente se los devolverás a tu hermano» (Deuteronomio 22:1).

A través de esta declaración se ordena que el que encuentra un objeto extraviado está obligado a ocuparse del mismo y devolverlo a su dueño. Esto es así en el caso en que conozca al dueño del extravío, como si no lo conoce.

MEDIDAS JUSTAS

«Tendréis balanzas correctas, pesos correctos, medidas para sólidos correctas y medidas para líquidos correctas; yo soy El Eterno, vuestro Dios, quien os sacó de la tierra de Egipto» (Levítico 19:36).

A través de esta declaración se ordena poseer medidas justas en la balanza y los pesos, y ser puntillosos en los cálculos. La declaración: «Tendréis balanzas correctas», se refiere a la rectificación de la balanza. «Pesos correctos», se refiere a la rectificación de los pesos. «Medidas para sólidos correctas», se refiere a la rectificación de las medidas para sólidos. «Medidas para líquidos correctas», se refiere a la rectificación de las medidas para líquidos (Sifré).

EL MISTERIO INTRÍNSECO DE LA CARNE Y LA LECHE

Ahora bien, hay preceptos que aparentemente no están vinculados con hacer el bien, tal como el de no mezclar carne con leche. Pero eso no puede ser, porque como dijimos, en el Talmud se enseñó: «No hagas a tu prójimo lo que no quieres que te hagan a ti; ésa es toda la Torá, lo demás son explicaciones». Siendo así, también el precepto de no mezclar carne con leche debería llevar a hacer el bien al prójimo. ¿Cómo se explica?

Veamos: está escrito: «No cocerás al cabrito en la leche de su madre» (Deuteronomio 14:21). Además, esta misma expresión se repite en otras dos citas, en Éxodo 34:26 y en Éxodo 23:19.

Los sabios se preguntaron: ¿para qué en la Biblia se repitió tres veces lo mismo en tres distintos versículos?

La respuesta otorgada fue que la primera vez que se mencionó: «No cocerás al cabrito en la leche de su madre» indica la prohibición de cocer carne y leche juntos; la segunda vez indica la prohibición de ingerir carne y leche juntos; la tercera vez indica la prohibición de tener provecho del modo que fuera de carne y leche juntos.

Es decir, se trata de un precepto muy riguroso, pues por lo general, lo que en la Torá se prohíbe comer, al menos se puede tener provecho de ello. Por ejemplo, se prohíbe comer cerdo, pero es permitido utilizarlo para confeccionar vestimentas, o cualquier otro uso. Sin embargo, se prohíbe tener provecho de la mezcla de carne y leche. E incluso si se hubiera cocido accidentalmente carne con leche, y se quemara por completo ese producto, aun el polvo es prohibido, y no se lo puede utilizar para ningún fin.

También se prohíbe cocina estos dos productos juntos aunque no se piense comer el preparado, tal como lo revela el versículo: «No cocerás al cabrito en la leche de su madre». Esto es así aunque solamente se cocinara, sin ninguna razón; de todos modos es prohibido.

VALLAS QUE EVITAN EL TROPIEZO

Ahora bien, además de lo que la Torá prohibió, los sabios agregaron vallas a este asunto. Por ejemplo, establecieron la prohibición de mezclar carne de ave con leche, caso en el que no rige la prohibición: «en la leche de su madre», porque las aves no son mamíferas (*véase* Mishná, Tratado de Julín 8:4). También prohibieron comer productos de carne y leche que no fueron cocidos juntos sino introducidos en un líquido por más de 24 horas; o cuando esos dos productos se hubiesen salado juntos.

¿A qué se debe tanta precaución en este asunto?

Observad lo que revelaron los sabios cabalistas: El Eterno implantó en el interior del hombre una tendencia al bien y una tendencia al mal. Esto fue con el propósito de que el individuo se fortalezca y sobreponga con su tendencia al bien a la tendencia al mal. Consecuentemente, debe fortalecerse y sobreponerse con su bondad y misericordia al rigor. Pues la misericordia, los actos de bondad y sus ramales provienen de la tendencia al bien, la cual deriva de la bondad. Asimismo, debe abocarse a extirpar de su corazón todas las cualidades de crueldad, venganza, ira y envidia, porque todas ellas provienen de la tendencia al mal, cuya raíz es el rigor (Reshit Jojmá: *Shaar Hairá* 4:25).

¿Y qué tiene que ver esto con la carne y la leche?

La leche representa la bondad, pues el alimento que la madre consume se transforma en su sangre y ésta en leche. Y ella le entrega generosamente su leche a su hijo. En cambio, la carne representa el rigor, pues la carne se nutre de alimento para adquirir ella misma más volumen y vigor (*véase* Shnei Lujot Habrit 321a).

Por esta razón no debe mezclarse la carne con la leche, el rigor con la bondad, sino que debe someterse al rigor con la bondad. Pero, una vez que ambos productos han sido cocidos juntos, se convierten en un solo ente, tornándose imposible separar entre ellos la bondad del rigor.

Además, debe considerarse la regla universal que determina que siempre predomina lo que se encuentra en el nivel inferior, la base. Por ello, una buena edificación requiere de buenos cimientos.

Por tal razón en el Código Legal se determinó: si cayó un alimento prohibido caliente dentro de un alimento permitido que estaba caliente en el recipiente que estaba al fuego, todo está prohibido. Asimismo, si cayó un alimento prohibido frío dentro de un alimento permitido que estaba caliente todo está prohibido. La razón se debe a que lo de abajo predomina sobre lo de arriba, y lo calienta, expeliendo en lo de abajo.

Lo mismo sucede con un alimento permitido frío si cae dentro de un alimento prohibido que estaba caliente: todo está prohibido.

Ahora bien, si el producto superior estaba caliente y el inferior estaba frío, no torna prohibido al producto, sino que sólo debe ser retirada una capa ínfima, que es la que ha estado en contacto al caer, pero el resto está permitido porque lo de abajo prevaleció y enfrió inmediatamente a lo que cayó. Esto es así incluso en el caso en que el alimento superior fuera el prohibido (Código Legal Shulján Aruj: *Ioré Deá* 105:3).

UNA REGLA EXTRAORDINARIA

Ésta es la causa por la cual cuando se come carne, hay que esperar seis horas para ingerir leche. Pero cuando se ha tomado leche, se puede comer inmediatamente carne, ya que lo que se encuentra en el nivel inferior, la base, prevalece sobre lo que se encuentra arriba.

Así se explica el misterio de la ley que indica separar entre carne y leche. Se debe someter el rigor de la carne a través de la bondad de la leche. Y como todo lo ingerido afecta a la conducta y la forma de pensar de la persona, resulta que no mezclar carne con leche conlleva a actuar benévolamente.

Vemos que todos los preceptos de la Torá son, efectivamente, la explicación de lo dicho por el sabio Hilel: «No hagas a tu prójimo lo que aborreces que te hicieran a ti; ésa es toda la Torá, lo demás son explicaciones –de este precepto».

Por tanto, hay que estudiar la Torá, cumplir los preceptos y llegar al alma de los mismos, para rescatar el mensaje intrínseco que hay encerrado en cada uno de ellos, y ponerlo en práctica, tal como sugiere la enseñanza del sabio Hilel. Así se agregará sentimiento al cumplimiento del precepto y también consideración.

Actuando de este modo, cada precepto despertará el amor por el prójimo. Por ejemplo, una persona celebrará el Shabat con vestimentas elegantes, comida deliciosa, bebida y alegres cantos, como se indica en el Código Legal: incluso quien necesita de los demás, pero tiene algo propio, debe ser presto para honrar al Shabat (Código Legal: *Oraj Jaim* 242). Pero teniendo en cuenta el fundamento mencionado, cuando los de su casa se sientan a la mesa para comer, el padre dirá:

—Tengamos cuidado de no arrastrar las sillas; en lo posible levantémoslas para moverlas, pues debajo de nosotros viven otras personas, y tal vez les moleste.

Si pensamos y actuamos de acuerdo con este principio, todas las acciones de la vida serán bondadosas y estarán llenas de consideración. Si actuamos así, el odio injustificado desaparecerá y ya no habrá más sufrimiento ni dolor, tampoco angustia ni aflicción, sólo paz y amor.

ÍNDICE